A verdade sobre a tragédia dos
ROMANOV

Marc Ferro

A verdade sobre a tragédia dos
ROMANOV

Tradução de
ALESSANDRA BONRRUQUER

1ª edição

EDITORA RECORD
RIO DE JANEIRO • SÃO PAULO
2017

CIP-BRASIL. CATALOGAÇÃO NA PUBLICAÇÃO
SINDICATO NACIONAL DOS EDITORES DE LIVROS, RJ

F452v   Ferro, Marc
         A verdade sobre a tragédia dos Romanov / Marc Ferro; tradução de
         Alessandra Bonrruquer. – 1ª ed. – Rio de Janeiro: Record, 2017.
         il.

         Tradução de: La vérité sur la tragédie des Romanov
         Inclui bibliografia e índice
         Glossário; genealogia; cronologia
         ISBN: 978-85-01-40273-8

         1. Rússia – História – Revolução, 1917. 2. Rússia – Reis e governantes
         – Morte e funeral. 3. Nicolau II, imperador da Rússia, 1868-1918 –
         Assassinato. 4. Nicolau II, imperador da Rússia, 1868-1918 – Família.
         5. Nicolau II, imperador da Rússia, 1868-1918 – Cativeiro. 6. Romanov
         (Casa). 7. Rússia – História – Nicolau II, 1894-1917. I. Bonrruquer,
         Alessandra. II. Título.

                                                      CDD: 947.083
17-41297   CDU: 94(47)'1894/1917

Copyright © Éditions Tallandier, 2012
Cartografia © Flavie Mémet, 2012

Título original em francês: La vérité sur la tragédie des Romanov

Todos os direitos reservados. Proibida a reprodução, armazenamento ou transmissão de partes deste livro, através de quaisquer meios, sem prévia autorização por escrito.

Texto revisado segundo o novo Acordo Ortográfico da Língua Portuguesa.

Direitos exclusivos de publicação em língua portuguesa para o Brasil
adquiridos pela
EDITORA RECORD LTDA.
Rua Argentina, 171 – 20921-380 – Rio de Janeiro, RJ – Tel.: (21) 2585-2000,
que se reserva a propriedade literária desta tradução.

Impresso no Brasil

ISBN 978-85-01-40273-8

Seja um leitor preferencial Record.
Cadastre-se em www.record.com.br e receba informações
sobre nossos lançamentos e nossas promoções.

Atendimento e venda direta ao leitor:
mdireto@record.com.br ou (21) 2585-2002.

A Hélène Kaplan, que tanto me ensinou sobre a Rússia.

E a Alain, Marie-Hélène, Alexis, Tamara, Myriam, Kristian, Maria, Nicolas, Véronique, Gabor, Antonella, Dorena, Alessandro, Claire, Boris, Catherine, Barbara, Éliane, Eva... os sucessores.

Sumário

Índice de mapas	9
Introdução	11
Principais protagonistas citados	15
1. Os dados de um enigma	19
2. Os Romanov "privados de liberdade"	25
3. O tsar abandonado	37
4. Uma investigação arriscada	53
5. Uma hipótese inconfessável e sacrílega	71
6. Mortos ou sãos e salvos?	83
7. A primeira troca leste-oeste da história	97
8. Anastasia e as outras	107
9. O mito e suas implicações	117
Notas	123
Anexos	131
Documentos	133
Cronologia	149
Genealogia	153
Glossário	155
Bibliografia	157
Agradecimentos	161
Índice	163

Índice de mapas

Guerra Civil, 1917-1921   77
O deslocamento dos Romanov, verão de 1918   115

Introdução

Neste inverno, recebi o telefonema de uma colega americana que ainda não conhecia, Marie Stravlo. De um só fôlego, ela disse: "Olá, Marc Ferro, encontrei o rastro de Olga, filha do tsar. Os documentos estão no Vaticano. Você tinha razão em *Nicolau II*. Suas filhas não foram executadas."

Há um mês, Marie Stravlo bateu à minha porta, orgulhosa e feliz por ter em mãos o diário de Olga Romanov, escrito nos anos 1950 e intitulado *Io vivo...* [*Eu vivo*]. "Como você conseguiu descobrir a verdade?", perguntou ela.

Eu lhe respondo neste livro.

Para ser honesto, minha hipótese, formulada pela primeira vez em 1990 em uma biografia de Nicolau II,[1] foi recebida na França com uma indiferença e um silêncio glaciais. "Uma farsa!", escreveu um jornal londrino.

Como se poderia pôr em dúvida o que se sabia há muito tempo, ou seja, que em 16 de julho de 1918, na casa Ipatiev, em Ecaterimburgo, Nicolau II, sua esposa, seu filho e suas quatro filhas foram selvagemente executados pelos bolcheviques?

Os russos brancos emigrados lembravam o fato em todas as ocasiões; a imprensa e o rádio faziam eco. Os dirigentes soviéticos já não negavam, embora, em 1918, tivessem anunciado à população que as filhas e a esposa do tsar haviam sido "colocadas em local seguro".

"Mentira", respondera o eco.

"Nada aconteceu como é contado", assegurou em 1919 uma jovem que afirmava ser Anastasia, a mais jovem das filhas de Nicolau II.

"Fábula, impostura", responderam os descendentes do grão-duque Cirilo, que se autoproclamara herdeiro do trono dos Romanov.

De resto, as investigações realizadas tanto pelos Brancos quanto pelos Vermelhos nos anos 1920 concluíram pela execução da família real. Logo...

Logo, que peso poderiam ter as afirmações de dois jornalistas ingleses, Summers e Mangold, que, em 1976, provaram que haviam sido eliminadas do processo de instrução as peças que permitiam supor que tanto as filhas do tsar quanto a imperatriz haviam sido salvas? Não foram realizados testes de DNA que confirmassem que os corpos encontrados cinquenta anos depois, perto de Ecaterimburgo, eram dos Romanov?

Em Moscou, onde se ouvira falar de minhas pesquisas, pediram-me que organizasse uma conferência no Instituto de História. O tema foi escolhido pelos organizadores: "Um *fait-divers* sob a Revolução" — todo mundo sabia do que se tratava. A recepção foi "interessada". Mas "sua tese não possui provas irrefutáveis", observou amavelmente meu colega Genrich Zinovevic Ioffe. Mesmo assim, meu livro sobre Nicolau II não foi traduzido para o russo e sua venda foi proibida em Sverdlovsk (atual Ecaterimburgo): foi-me dito que as informações que continha poderiam criar obstáculo à construção de um mausoléu em memória da família imperial, oficialmente massacrada nessa cidade da Sibéria.

E eis que, vinte anos depois, é encontrado no Vaticano um manuscrito de Olga, que teria morrido em 1976 em Menaggio, na Itália, assim como se ouve falar de sua irmã Maria, cujo testamento foi apresentado por aquele que se intitulava seu neto, ao passo que, há vários anos, existe controvérsia sobre a sobrevivência de Anastasia, reconhecida como tal por numerosos membros de sua família nos anos 1920. Quanto à imperatriz Alexandra e sua filha Tatiana, seu rastro teria sido encontrado

INTRODUÇÃO 13

em um convento em Lviv, na Ucrânia, nos anos 1930, e, depois, durante a Segunda Guerra Mundial, na Itália.

Eis também que os arquivos russos, abertos depois da Perestroika, confirmaram minhas três hipóteses:

- dos membros da família imperial, somente Nicolau II teria sido fuzilado em 17 de julho de 1918;
- suas filhas e a imperatriz teriam sido libertadas em seguida às negociações secretas entre bolcheviques e alemães, entre julho e outubro de 1918;
- em troca, o *kaiser* Guilherme II mandou libertar os "spartakistas" Karl Liebknecht e Jogisches, dois revolucionários ligados ao leninismo.

Mais tarde, foram encontrados documentos inéditos que comprovaram essas hipóteses.

Como procedi?

O fato é que ignorava tudo sobre esse caso quando, ao fim de meu trabalho sobre Nicolau II, abordei sua morte a partir do relato feito pelo juiz Sokolov, que fazia as vezes de vulgata desde 1924.

Um inquérito judicial, com testemunhas, investigações, confrontos, desistência de jurados, reviravoltas, busca por cadáveres, pás e falsos juramentos, fora conduzido entre 1918 e 1922 para elucidar as circunstâncias da morte dos Romanov. Um verdadeiro *fait-divers*. E tudo recomeçou oitenta anos mais tarde, em 1998, com o retorno a São Petersburgo dos corpos perdidos e pretensamente reencontrados do tsar e de sua família; as pás haviam retornado mais uma vez aos bosques de Ecaterimburgo, dessa vez secundadas por testes de DNA nos crânios exumados e pelo alarido das cerimônias comemorativas.

Esquecia-se que os supostos crimes de Ecaterimburgo se inscreviam em várias cenas, pouco evocadas nos dossiês de instrução que estabeleceram a versão oficial dos eventos de 1918 e das quais estavam ausentes... os alemães.

A primeira cena é a da Grande Guerra, que ainda continuava em julho de 1918, embora, no leste, a paz de Brest-Litovsk tivesse sido assinada na primavera. Franceses e ingleses queriam estabelecer uma segunda frente na Rússia. Aliando-se aos Vermelhos ou com a ajuda dos Brancos?

A segunda cena é a da guerra civil que opõe os Vermelhos aos Brancos, mas também Vermelhos e Brancos entre si, no seio de suas próprias fileiras. Uns e outros deveriam se apoiar nos Aliados ou nos alemães para conseguir a vitória?

A terceira cena é a da nebulosa das grandes famílias reinantes, quase todas ligadas entre si. Nicolau II e Alexandra, sua esposa de origem alemã; Jorge V, da Inglaterra; Guilherme II, da Alemanha; o rei da Dinamarca; o rei da Espanha; e também a rainha Maria, da Romênia. Essa rede alimentava uma diplomacia paralela à diplomacia de Estado e espreitava a herança Romanov. Dissensões também opunham os herdeiros autoproclamados dos Romanov e os generais brancos.

A quarta cena é a do projeto de revolução europeia iniciado pelos eventos na Rússia e a respeito do qual os dirigentes do novo regime estavam divididos: era o imperialismo anglo-francês ou o alemão que mais ameaçava a expansão da revolução para toda a Europa?

Desse modo, o drama de Ecaterimburgo não poderia se limitar à análise de um simples inquérito judicial. Foi ao cruzar esses "*fait--divers*" com a grande História que creio ter descoberto a verdade sobre a tragédia dos Romanov.

Outubro de 2012

Principais protagonistas citados

ALVENSLEBEN, Hans Bodo, conde: diplomata alemão em Kiev, na Ucrânia ocupada.

ANDERSON, Anna: antes sra. Tchaikovski, nos anos 1920 declarou ser Anastasia, filha do tsar.

AVDEYEV, Alexandre: responsável pela casa Ipatiev.

BELOBORODOV, Alexandre: presidente do Soviete Regional dos Urais.

BETHMANN-HOLLWEG, Theobald: chanceler do Reich até julho de 1917.

BIKOV, Pavel: autor da primeira narrativa soviética sobre o massacre de Ecaterimburgo.

BOTKIN, Evgeni: médico francês da família imperial. Gleb era seu filho e Tatiana, sua filha.

BUCHANAN, sir George: embaixador da Inglaterra em São Petersburgo.

CHEMODUROV, Terenti: mordomo do tsar.

CHICHERIN, Georgi: comissário das Relações Exteriores.

CRISTIANO IX: rei da Dinamarca e primo do tsar.

DENIKIN, general: comandante dos Exércitos Brancos no sul da Rússia após a morte do general Kornilov.

DEVERENKO, Vladimir: médico ligado ao tsarévitche.

DIETERICHS, Mikhail, general: chefe do Estado-Maior do Exército Branco do almirante Koltchak, dirigiu a investigação sobre o assassinato dos Romanov em janeiro de 1919.

ELIOTT, Charles: alto comissário inglês e cônsul geral da Sibéria.

ERMAKOV, Piotr: comissário político em Ecaterimburgo.

ERNST, Ludwig: grão-duque de Hesse, irmão da tsarina ("tio Ernie").

GAIDA, Rudolf, general: comandante do exército tchecoslovaco na Sibéria, ligado ao Partido Socialista Revolucionário e depois aos Brancos.

GOLOSCHEKIN, Chaia: comissário da Guerra na região dos Urais e membro do Soviete.

GUILHERME II, kaiser: imperador da Alemanha.

HOFFMANN, Max, general: negociador da paz de Brest-Litovsk.

IOFFE, Adolf: embaixador soviético em Berlim.

JANIN, Maurice, general: chefe da missão militar francesa na Sibéria; montou o dossiê da investigação sobre o destino dos Romanov.

JORGE V: rei da Inglaterra, primo de Nicolau e Alexandra.

KARAKHAN, Lev: comissário das Relações Exteriores.

KERENSKI, Alexandre: ministro da Justiça e depois presidente do governo provisório.

KIRSTA, Alexandre: assistente do controle militar branco de Perm, descobriu a presença da família imperial na cidade.

KOLTCHAK, Alexandre, almirante: comandante supremo do governo branco em Omsk.

KORNILOV, general: chefe dos Exércitos Brancos, morto em 1919.

KSCHESSINSKAIA, Mathilde: bailarina, amante do tsar antes de seu casamento e depois esposa do grão-duque André.

KUHLMANN, Richard: negociador alemão da paz em Brest-Litovsk.

LASIES, Joseph, comandante: deputado francês e correspondente do jornal *Le Matin*.

LENIN, Vladimir Ilich: presidente do SovNarkom, o Conselho dos Comissários do Povo.

LLOYD, George David: primeiro-ministro do Reino Unido.

LVOV, Gueorgui, príncipe: primeiro-ministro do primeiro governo provisório, aprisionado em Ecaterimburgo.

PRINCIPAIS PROTAGONISTAS CITADOS

MALINOVSKI, Rodion, capitão: primeiro investigador do inquérito sobre os Romanov.

MEDVEDEV, Pavel: sargento na casa Ipatiev, testemunha-chave do inquérito Romanov conduzido pelo juiz Sokolov.

MILIUKOV, Pavel: ministro das Relações Exteriores do primeiro governo provisório.

MIRBACH, Wilhelm, conde: embaixador da Alemanha em Moscou, assassinado em 6 de julho de 1918.

MOUNTBATTEN, Louis: sobrinho do tsar e sobrevivente mais próximo da família imperial até seu assassinato, em 1979.

MUTNIKH, Natalia: enfermeira, testemunha-chave da "pista de Perm".

NAMETKIN, Alexandre: primeiro magistrado instrutor do inquérito Romanov.

RADEK, Karl: chefe do departamento das Relações Exteriores (questões alemãs).

RIEZLER, Kurt: médico, conselheiro da embaixada alemã em Moscou.

SERGUEIEV, Ivan: juiz, encarregado do inquérito civil em Ecaterimburgo, fuzilado pelo general Dieterichs.

SOKOLOV, Nicolai: investigador oficial do inquérito sobre os Romanov, autor da vulgata sobre o massacre.

SVERDLOV, Iankel: membro do Comitê Central Executivo do Partido Bolchevique, número dois do regime, morto em 1919.

TROTSKI, Leon: comissário da Guerra.

UTKIN, Pavel: médico, afirmou ter cuidado de Anastasia em Perm.

WRANGEL: generalíssimo dos Brancos após 1920.

YAKOVLEV, Vassili: comissário especial, enviou os Romanov para Tobolsk.

YUROVSKI, Jacob: último comandante da casa Ipatiev.

ZAHLE, Herluf: ministro dinamarquês em Berlim, encarregado de investigar Anastasia.

ZINOVIEV, Grigori: membro do gabinete político do Partido Comunista e membro do Executivo do Comitê Central.

1. Os dados de um enigma

Desde o anúncio, em julho de 1918, da morte de Nicolau II, duas teses se confrontam. De acordo com a primeira, toda a família Romanov foi assassinada com ele em Ecaterimburgo; a segunda, que questiona a primeira, acredita que somente o tsar foi assassinado. Os cinco documentos que se seguem, contemporâneos ao caso, trazem as primeiras pistas desse enigma. Eles provam a que ponto os testemunhos sobre a execução dos Romanov são contraditórios já logo em seguida aos fatos.

O anúncio "oficial" da morte do tsar, feito pelos bolcheviques, foi publicado no *Ouralski Rabotchi* em 23 de julho de 1918.

> Na noite de 16 para 17 de julho, em Ecaterimburgo, por decisão do Praesidium do Soviete Regional de Deputados Operários, Camponeses e do Exército Vermelho, região dos Urais, foi fuzilado o ex-tsar Nicolau Romanov II. Esse assassino coroado viveu por tempo demais, graças à benevolência da Revolução.

Na página 3 do mesmo jornal, também se podia ler, sob a rubrica "Telegramas", um despacho que detalha as circunstâncias da execução:

Moscou

O presidente Sverdlov anuncia ter recebido, por linha direta, telegrama informando sobre a execução do ex-tsar Nicolau Romanov. Recentemente, o perigo ocasionado pela proximidade das tropas tchecoslovacas se tornou uma séria ameaça para Ecaterimburgo, capital dos Urais vermelhos. Ao mesmo tempo, um novo complô dos contrarrevolucionários foi descoberto; ele visava a retirar o tsar das mãos que o detinham, o Soviete da região. Assim, o Praesidium decidiu executá-lo em 16 de julho. *A mulher e os filhos de Nicolau foram enviados para local seguro* e os documentos relacionados ao complô foram enviados a Moscou por correio especial. Recentemente se propusera processar o tsar por todos os crimes por ele cometidos. Mas as circunstâncias impediram a corte de se reunir. Depois que o Praesidium discutiu as razões que levaram o Soviete dos Urais a tomar a decisão de fuzilar Romanov, o Comitê Central Executivo julgou que o Soviete dos Urais agiu de maneira adequada.

Desse modo, a execução do tsar — e somente a dele, pois está bem claro que "a mulher e os filhos de Nicolau foram enviados para local seguro" — está aqui associada à ameaça de um complô contrarrevolucionário, talvez mesmo um rapto. A iniciativa e a escolha do modo de execução parecem ter cabido às autoridades locais (que agiram "de maneira adequada").

Um segundo documento contradiz essas afirmações. Ele é de autoria de Trotski, comissário da Guerra, que, anos mais tarde, relatou como ficara sabendo da morte do tsar e de toda sua família por meio de Sverdlov, homem forte do Comitê Militar Revolucionário que executou o golpe de Estado de outubro de 1917:

Uma ou duas semanas depois da morte do tsar, cruzei com Sverdlov e perguntei:
— Onde está o tsar?
— Morto — respondeu ele. — Fuzilado.

OS DADOS DE UM ENIGMA 21

— E sua família?
— Também foi fuzilada.
— Todos eles? — perguntei, atônito.
— Todos, e daí?
Ele aguardava minha reação. Não respondi.
— E quem decidiu?
— Nós decidimos por aqui. Ilich [Lenin] achou que não deveríamos permitir que esses ilustres personagens permanecessem vivos nas difíceis condições atuais.[1]

Verdade ou não, vê-se que Trotski foi deixado de lado, o que causa ainda mais impacto quando se sabe que ele seria o responsável pelo processo contra o tsar Nicolau II. Esse "e daí?" também atesta tanto a distância que Sverdlov tentava estabelecer em relação a Trotski quanto sua conivência com Lenin.

Outros dirigentes bolcheviques negaram, cada um a seu turno, o assassinato coletivo dos Romanov: Chicherin, o comissário das Relações Exteriores, no *New York Times* de 20 de setembro de 1918; e depois seu sucessor, Litvinov, em 17 de dezembro de 1918; e Zinoviev, membro do gabinete político do Partido Comunista e do executivo do Comitê Central, no *San Francisco Sunday Chronicle* de 11 de julho de 1920; sem esquecer Karl Radek, o maior conhecedor dos meios revolucionários alemães.

A declaração mais explícita foi feita por Chicherin ao *Chicago Tribune* durante a conferência de Gênova, na qual ocupava a função de embaixador da Rússia, em maio de 1922:

Pergunta: O governo soviético ordenou ou autorizou o assassinato das filhas do tsar e, se não, os culpados foram punidos?
Resposta: Por hora, o destino das filhas do tsar me é desconhecido. Li na imprensa que elas estão nos Estados Unidos. O tsar foi executado por um soviete local, sem que o governo central tivesse conhecimento prévio. O evento teve lugar na véspera da ocupação da região pelos tchecoslovacos. Mais tarde, após ser informado dos fatos essenciais

do caso, o comitê executivo aprovou a execução do tsar. Não houve referência a suas filhas. Como as comunicações com Moscou foram cortadas depois da ocupação dessa zona pelos tchecoslovacos, as circunstâncias do caso não foram esclarecidas.

Essa declaração foi refutada alguns meses mais tarde pelo general Dieterichs, chefe do Estado-Maior do Exército Branco que dirigiu a investigação sobre o assassinato dos Romanov em janeiro de 1919.

Na *Revue des Deux Mondes*, em 1º de agosto de 1920, Dieterichs denuncia as "fábulas" e os "rumores" propagados pelos bolcheviques:

> Os bolcheviques anunciaram a morte do imperador, desmentindo a morte dos outros membros da família imperial e de seu séquito. Eles pretendem abusar da boa-fé pública. Por exemplo, em 20 de julho, três dias após o crime, um trem partiu oficialmente de Ecaterimburgo e se anunciou com grande estardalhaço que levava os prisioneiros imperiais. Na realidade, apenas a leitora e amiga da imperatriz, srta. Schneider, a condessa Hendrikov, o mordomo Nagorni e os criados Volkov e Trupp se encontravam nesse trem, que se dirigiu a Perm. Todos, com exceção de um empregado que escapou por sorte, foram fuzilados perto de Perm em 22 de agosto de 1918.
>
> Que possa essa refutação destruir de uma vez por todas os rumores e as fábulas hoje reinantes — e sempre de origem bolchevique —, segundo as quais o tsar ainda estaria vivo. Um desses artigos foi publicado em Moscou em 17 de dezembro de 1918. Em Copenhague, Litvinov (Finkelstein) confessa parte do assassinato e nega outra. Em um jornal alemão de abril de 1920, foi publicada a carta de um autointitulado prisioneiro de guerra alemão que afirmava ter presenciado somente a morte de Nicolau II em Ecaterimburgo. [...] A razão desses boatos está absolutamente clara para qualquer um que conheça a alma russa: criar o máximo possível de confusão, discussão, angústia e esperança supersticiosa nessa mentalidade já tão profundamente abalada e atingida até as raízes.

Enquanto isso, em 1919, o comandante Joseph Lasies, membro da missão militar francesa na Sibéria e correspondente do jornal *Le Matin*, relatava suas dúvidas quanto à execução de toda a família imperial ao correspondente do *Times* Robert Wilton, muito ligado aos Brancos e em contato constante com o general Dieterichs. Na época, seus colegas da imprensa londrina suspeitavam de que ele fosse agente do Departamento de Guerra britânico.

Furioso, Wilton lhe disse: "Comandante Lasies, ainda que o tsar e a família imperial estivessem vivos, seria preciso dizer que morreram."[2]

Em resumo, Sverdlov, número dois do regime, à frente do Comitê Executivo Central, declarou oficialmente que o tsar foi executado.

Ao contrário de Trotski, ele afirmou que toda a família também foi executada.

O comissário das Relações Exteriores, Chicherin, afirmou, assim como Litvinov e Zinoviev, que as filhas do tsar estavam vivas.

Mas o general Dieterichs e os Brancos o desmentiram enfaticamente.

E o confidente de Dieterichs e correspondente do *Times*, Robert Wilton, disse explicitamente que "é preciso dizer, ainda que estejam vivos, que foram todos executados".

O que isso significa? Em que acreditar? Em quem acreditar?

2. Os Romanov "privados de liberdade"

Durante o verão de 1918, Ecaterimburgo, nos Urais, foi o terceiro local de residência forçada dos Romanov. Antes disso, a família estivera encarcerada pelo poder vigente desde a Revolução de Fevereiro de 1917 no palácio imperial de Tsarskoie Selo — a Versalhes russa, a alguns quilômetros de Petrogrado (São Petersburgo) — e, em meados de agosto de 1917, em Tobolsk, uma pequena cidade da Sibéria.

Para definir o novo status do antigo tsar, o generalíssimo Alexeiev e Bublikov, os enviados do Soviete e da Duma,[1] escolheram a expressão "privado de liberdade". Os termos "prisioneiro" e "cativo" foram descartados por serem excessivamente brutais.

Os mensageiros da revolução, Guchkov e Chulguin, que chegaram a Pskov em 2 de março (15 de março no calendário ortodoxo, com treze dias de diferença) para exigir a abdicação, ficaram impressionados com a calma de Nicolau II ao explicar que decidira renunciar ao trono: "Inicialmente, achei que seria em favor de meu filho Alexei, mas mudei de opinião em favor de meu irmão Miguel. Espero que vocês compreendam os sentimentos de um pai." Um pai que acabara de ouvir do dr. Deverenko que a hemofilia de seu filho era incurável.

Essas últimas palavras, relata Chulguin, foram pronunciadas com voz "muito suave". "Não estávamos preparados para isso: esperávamos resistência e algumas explosões, ignorando que tudo fora consumado antes de nossa chegada. A calma e a aparente indiferença do imperador nos surpreenderam. Ele se demitira do império como um capitão de sua esquadra."

Com o texto da abdicação finalizado, o tsar foi conduzido a seu Estado-Maior, perto de Moghilev. Na plataforma da estação, os oficiais lutavam para conter as lágrimas. Nicolau os saudou e embarcou no trem com passos ágeis. Em seu caderno, escreveu: "Deixo Pskov com a alma oprimida por tudo que acabo de viver. À minha volta não há senão traição, covardia e malícia!"

O tsar que não queria reinar

De fato, ele fora abandonado pela Duma, que exigia um "governo responsável" (que respondesse a ela), mas também pelos generais, que queriam um soberano mais ativo no trono, e pelos próprios grão--duques, já que um deles, Cirilo, seu sobrinho,[2] oferecera seus serviços a um eventual governo provisório.

Contudo, antes de anunciar sua decisão aos generais, o tsar comunicou: "Em seguida, irei descansar em Livadia [o playground da Crimeia]." Pronunciara essas palavras como se estivesse aliviado. Aliviado por não mais carregar o peso de um fardo que jamais quisera assumir. Ele desejara ser marinheiro e conhecer o mundo.

Quando sucedeu o pai, Alexandre III, em 1894, Nicolau certamente tinha uma educação principesca, mas não conhecia nada sobre as funções de um rei. Comandar, agir e decidir não interessavam a ele, um apaixonado pelas caçadas — costumava ser muito prolixo a respeito —, pelas paradas militares, pelo balé... e pelas bailarinas.

"Ele não passa de uma criança", disse o tsar Alexandre III quando se quis confiar a seu filho a presidência das ferrovias do Extremo Oriente. E quando, aos 26 anos, soube que deveria reinar, Nicolau explodiu em lágrimas.

Embora amasse os cerimoniais e as festas, nas quais se comportava perfeitamente e era encantador, mudando de trajes várias vezes ao dia, ele fugia das conversas sobre a situação do país: "É para isso que servem os ministros." Abominava a *intelligentsia* — o sangue e o talento da Rússia — e queria até mesmo retirar a palavra do dicionário.

"Quando é que eles vão calar a boca?", esbravejou, irritado, quando teve de assistir aos debates parlamentares durante a reunião da primeira Duma, em abril de 1906. Ora, a Rússia, que depois das reformas de Alexandre II acreditara na possibilidade de renovação, queria falar — falar de si mesma. Mas o regime autocrático a impedia de tomar decisões, de governar a si mesma, como a França, a Inglaterra, a Suíça e a Suécia.

Quando assumiu o trono e soube desse desejo, Nicolau respondeu que eram "sonhos insanos". O novo tsar não se interessava pelo movimento de ideias que sacudia o país. Aí nasceu um divórcio que subsistiu por 23 anos, de maneira que esse soberano pacífico, que amava a vida, os prazeres e a família, teve de enfrentar duas revoluções e dois conflitos. Isso não o impediu de lutar com coragem quando a Rússia entrou em guerra em 31 de julho de 1914 nem de defender apaixonadamente os interesses de seu país em face de seus primos da Alemanha e da Inglaterra. Para ele, no entanto, tratava-se antes de tudo de questões de família.

Depois do "Domingo Sangrento", a manifestação violentamente reprimida em São Petersburgo que inaugurou a Revolução de 1905, o tsar "perdoou seu povo por ter se revoltado". Em 1917, em face da mistura explosiva instaurada pelas derrotas, pela penúria e pelo ódio à autocracia, ele exigiu do general Khabalov e, depois, do general Ivanov "que pusessem fim à desordem". E que "o gordo Rodzianko [presidente da Duma] pare de me incomodar com suas besteiras".

"Sou um tsar desafortunado", gostava de repetir Nicolau II, cujo único herdeiro homem sofria de uma doença incurável.

Em carta à mãe, Anna Virubova, dama de companhia e amiga mais fiel da tsarina, relatou tudo o que o imperador, o "Papai", lhe disse no dia seguinte à abdicação:

"Exausto, atormentado pelos boatos inquietantes, temendo por minha família e, sobretudo, por Mamãe e pelo Pequeno", disse-me ele, "eu receava acima de tudo que Mamãe fosse vítima do ódio. E o Pequeno, poderia ser salvo? Esse pensamento me afetava de tal modo que eu só conseguia encontrar repouso nas preces. Nesse momento, chegaram Chulguin e Guchkov. Assim que vi Guchkov, soube que seria um golpe terrível. Foi Chulguin quem falou. Sua voz tremia, surgiram lágrimas em seus olhos. Ele me disse que eu devia abdicar em favor do Pequeno, assistido por Miguel. Não compreendi imediatamente. Então me dei conta do mais importante: o Pequeno estava vivo. Perguntei, com esforço: 'Minha família está bem e a salvo?' Guchkov respondeu, com olhos assombrados: 'Sim, senhor, enquanto pudermos, faremos tudo para salvaguardar a família.'" "Papai" se retirou dizendo que precisava de alguns minutos para refletir. Uma ideia salutar lhe veio ao espírito: era preciso proteger o Bebê. De outro modo, e o mais terrível, ele seria separado de Papai e Mamãe. Isso poderia matá-lo. Era melhor afastá-lo imediatamente do perigo. Foi por isso que decidiu abdicar, em seu nome e em nome do Bebê. Ele disse ainda: "Foi uma decisão forçada, uma faca foi erguida contra mim e sempre poderei provar isso, se necessário. E, além disso, será um repouso para nós. Todos reunidos. Longe de tudo. Sem mais súplicas, sem mais queixas. Pensando em tudo isso, assinei por mim e pelo Bebê. Eles ficaram muito desconcertados. Gutchkov me disse: 'Senhor, és antes um pai que um tsar.'"[3]

Uma tsarina detestada

Nicolau II exigiu que não fosse criado nenhum obstáculo a seu retorno ao palácio de Tsarskoie Selo. Ele também desejava se exilar até o fim da guerra e retornar em seguida, e para sempre, a sua residência na

Crimeia. O poder provisório acatou essas exigências. Anna Virubova, a confidente da tsarina, descreveu o reencontro da família Romanov:

> Nesse momento, ele não pensa em mais nada. Somente na salvação da família. A mãe está sempre com ele. Ela cuida dele como se estivesse doente. Nem uma palavra de reprovação ao que quer que seja. Ele não se queixa, mas eu soube por Fiodorov [o médico que se encontrava na Stavka, o Estado-Maior] que ele teve uma grave crise cardíaca. Agora ele se esforça para melhorar. Seus acompanhantes têm um aspecto assustador. Eles estão desolados e sofrem, sobretudo por ele. Mas não se queixam. Uma única vez, ele disse: "Se eu não fosse cristão, seria mais simples terminar com tudo. Talvez fosse melhor para a família." Tentei convencê-lo de que tal atitude, sem mencionar o atentado contra sua dignidade, mataria Mamãe. "É meu receio." E então, com um sorriso doloroso, ele me deu sua palavra de que não pensaria mais nisso.

Nicolau II estava tão inquieto por sua mulher porque sabia a que ponto ela era impopular. Em primeiro lugar, por ser alemã. Na realidade, Alexandra Fiodorovna era originária de Hesse e identificava a Alemanha à Prússia, que odiava. Ela fora criada na corte da avó Vitória, da Inglaterra, falava inglês e só ensinou alemão aos filhos após a abdicação do marido.

Além disso, era reprovada por seu ar altaneiro, distante, e por sua hostilidade às familiaridades e extravagâncias a que a corte dos Romanov estava habituada. Ela tampouco apreciava as caçadas ou os espetáculos na Ópera, que deliciavam o tsar. Mas era apaixonada por política e não hesitava em aconselhar Nicolau na escolha de seus ministros. "É normal que uma imperatriz faça isso", explicava. Em resumo, ela amava aquilo que o tsar não gostava de fazer: governar.

Convertida à ortodoxia por necessidade, ela se adequou extremamente bem a seus rituais, pois era muito devota, e mesmo mística, o que explica em grande parte sua atração por Rasputin, o "santo homem" cujas práticas escabrosas tentava ignorar.[4] Não conseguira ele acalmar as dores de Alexei, o filho hemofílico, frequentemente doente e em crise?

Acima de tudo, ela via em Rasputin um salvador, o camponês russo que encarnava a terra, mas também a lealdade ao tsar, o conselheiro desinteressado que prevenira contra uma guerra que inevitavelmente conduziria à ruína da Santa Rússia. Anos mais tarde, durante o exílio, passando pela cidade natal de Rasputin, nos Urais, ela não pôde se impedir de dizer: "Viram, ele tinha razão."

Mesmo assim, embora quisesse se mostrar mais russa que os russos e mais ortodoxa que os ortodoxos, seu misticismo e seu patriotismo, por mais sinceros que fossem — ela foi uma corajosa enfermeira durante a guerra —, não convenceram a opinião pública. Para os russos, ela era duplamente culpada: por dar à Rússia um herdeiro hemofílico e por encarnar o inimigo alemão.

Para Trotski, que se exprimiu a esse respeito em um texto famoso, o casal Nicolau e Alexandra lembrava o casal formado por Luís XVI e Maria Antonieta na véspera da Revolução Francesa, quando sobre eles disse Mirabeau: "Entre os Bourbon, o homem do casal era uma mulher: Maria Antonieta, uma estrangeira."

Imensamente orgulhosa e tendo a si mesma em alta conta, com grande amor pelo poder e uma obstinação esmagadora, certa de jamais errar e inteligente, mas facilmente enganada pelos bajuladores: foi assim que a julgaram diversas testemunhas.

Alexandra sabia que o marido, que confessara "não estar preparado para se tornar tsar", não dominava a arte de governar. Nas incontáveis cartas de amor que lhe enviou, ela acrescentava conselhos de firmeza: "Devemos dar um país forte ao Baby; pense nele e não ouse ser fraco, pois de outra forma ele terá dificuldade para reinar. Ele é determinado e sabe argumentar, não deixe que o Estado se acabe, reconstrua-o." E ainda: "Seja firme, eles querem sentir sua mão. Há quanto tempo não se diz que a Rússia ama o açoite? É sua natureza: amor terno e mão de ferro para guiar e punir. [...] Como eu gostaria de poder injetar minha determinação em cada uma de suas veias. Seja Pedro, o Grande; Ivan, o Terrível; o imperador Paulo; supere-os, mas não ria, meu grande malvado."

E Nicolau respondia: "Agradeço, comovido, sua severa reprimenda. Eu a li sorrindo, pois você fala comigo como se eu fosse criança. Seu pobre marido sem vontade, Nicky."⁵

A tsarina não hesitou em aconselhá-lo a "fuzilar Kerenski, Guchkov e os outros". Durante os cinco dias da Revolução de Fevereiro, que se transformou na queda do regime, a tortura de sua angústia mortal — enquanto, sem novidades do imperador, então em seu QG em Moghilev, ela se desesperava à cabeceira do filho doente — ultrapassa tudo o que podemos imaginar.

Ora, eis que ela ouve sobre a abdicação: "A porta se abriu e a imperatriz entrou, com a face decomposta pela angústia, cambaleando mais que andando. Prendendo minhas mãos nas suas, ela disse, de maneira entrecortada, 'ab-di-qué' (em francês)." "Pobre querido, ele foi até o fim, e eu não estava lá para consolá-lo",⁶ relatou sua amiga Anna Virubova.

Assim era Alexandra.

Durante alguns meses, em Tsarkoie Selo e depois em Tobolsk, a ex-tsarina manteve a imponência perante os habitantes da cidade, que continuavam a se curvar quando ela passava. Mas, pouco a pouco, caiu em um misticismo mórbido. Botkin, médico da família, chegou a se perguntar se ela não teria perdido a razão. Sua queda a alquebrara. Seu único consolo eram os filhos e as preces.

Retrato de grupo

Olga, a primogênita, 22 anos, inteligente e cristalina, amava as festas e a dança. Tatiana, 20 anos, séria e orgulhosa como a mãe, cuidava constantemente do irmão menor. Maria, esportiva e excelente cavaleira, sonhava em ter muitos filhos. Anastasia, 16 anos, a menos graciosa, cheia de caprichos e dona de uma língua ferina, era a favorita do pai. Alexei,

13 anos, era enfermiço, mas possuía grande vivacidade de espírito, como bem compreendera sua mãe.

Um dia, em Tsarskoie Selo, quando Alexandre Kerenski, ministro da Justiça do governo provisório, visitava a família, Alexei lhe perguntou: "Você sabe dizer se meu pai tinha o direito legal de abdicar ao trono em meu nome?" "Do ponto de vista legal, não houve abdicação." "Obrigado, era o que eu queria saber", respondeu o tsarévitche.[7]

Em outra ocasião, quando os guardas impediram seu pai de abrir as portas para o parque, Alexei o repreendeu: "Você não é o imperador, afinal?"

Foi assim que o antigo tsar, após ter sofrido várias humilhações diante do filho, decidiu protestar contra esse tratamento para Lenin:

Senhor Comissário do Povo,

Os eventos históricos possuem caráter inelutável e, portanto, não é sobre o que se passou em fevereiro que venho me queixar. Permita-me protestar veementemente contra as vexações de que sou objeto. Não falo como antigo imperador, mas como Nicolau Romanov — estado que escolhi deliberadamente. Esse cidadão, Senhor Comissário, é a tal ponto oprimido em sua república que é mesmo privado do direito de dispor de 25 copeques diários e comprar seu próprio alimento conforme sua vontade.

A se crer no *Izvestia*, que publicou a carta em 1919, Lenin teria escrito à margem: "Na verdade, é preciso dar uma sacudida nesses teimosos de Ecaterimburgo."[8]

Surpreendente reviravolta. Enquanto Alexandra definhava e não era mais que uma sombra de si mesma, nem tampouco completamente "normal", como confiou o dr. Botkin a Pierre Gilliard, preceptor das crianças, o antigo tsar parecia se acomodar a sua nova vida, a seu destino.

OS ROMANOV "PRIVADOS DE LIBERDADE" 33

Tanto em Tsarskoie Selo como em Tobolsk, ele praticava jardinagem, cortava lenha e cuidava da família. Hoje, diríamos que se comportava como um aposentado satisfeito. Embora as conversas políticas o incomodassem, mesmo nos dias mais trágicos da revolução, ele agora se preocupava com as notícias que lhe chegavam de Petrogrado ou Moscou.[9] Pierre Gilliard, que acompanhava a família, testemunhou:

> Uma de nossas maiores privações durante o cativeiro em Tobolsk era a ausência quase absoluta de notícias. As cartas só nos chegavam de maneira irregular e com grande atraso. Quanto aos jornais, estávamos reduzidos a um maldoso folhetim local, impresso em papel de embrulho, que só nos oferecia telegramas velhos de vários dias, frequentemente desfigurados e truncados [...]. O imperador, contudo, seguia com angústia os eventos na Rússia. Ele compreendia que o país estava em perigo. Ele teve um momento de esperança quando o general Kornilov propôs a Kerenski marchar sobre Petrogrado para pôr fim à agitação bolchevique, que se tornava cada vez mais ameaçadora. Sua tristeza foi imensa quando o governo provisório recusou essa última chance de salvação.[10]

Nicolau Romanov acompanhava as novidades de perto e, em Tobolsk, foi ele quem anunciou à família que os alemães haviam tomado Reval e Rovno e continuavam a avançar em todos os fronts. Segundo Gilliard, isso o afetou profundamente.

> Em 11 de fevereiro de 1918, o imperador me contou que várias turmas foram dispensadas em razão da desmobilização do Exército. Assim, todos os antigos soldados (os melhores) irão nos deixar. O tsar parecia muito preocupado com essa perspectiva; a mudança pode ter consequências muito infelizes para nós. Na sexta-feira, dia 15, certo número de soldados já havia partido. Eles vieram em segredo para se despedir do imperador e de sua família.
> No chá da noite com Suas Majestades, o general Tatichev, com a franqueza autorizada pelas circunstâncias, expressou sua surpresa

ao constatar quão íntima e afetuosa era a vida em família que unia o imperador, a imperatriz e seus filhos. Sorrindo, o tsar se voltou para a imperatriz: "Você ouviu o que Tatichev acabou de dizer? Se você, Tatichev, que foi meu general ajudante de campo e teve tantas ocasiões de se informar, nos conhece tão mal, como quer que eu e a imperatriz nos surpreendamos com o que se diz nos jornais?"

Em 4 de março, falou-se em família sobre o tratado de paz de Brest-Litovsk, que acabara de ser assinado entre a Alemanha e a Rússia.[11] O imperador falou a respeito com grande tristeza. "É uma vergonha tão grande para a Rússia; isso equivale ao suicídio. Eu jamais teria acreditado que o imperador Guilherme II e o governo alemão pudessem descer tanto, a ponto de apertar a mão desses miseráveis que traíram seu país. Mas tenho certeza de que isso não lhes trará felicidade. Não será isso que os salvará da ruína."

Tomando conhecimento, um pouco mais tarde, de que os jornais noticiavam um boato segundo o qual os alemães exigiram que a família imperial lhes fosse entregue sã e salva, o imperador vociferou: "Se não for uma manobra para me desacreditar, é uma injúria a minha pessoa!"

A imperatriz acrescentou, a meia-voz: "Depois de tudo que fizeram ao imperador, prefiro morrer na Rússia a ser salva pelos alemães." Em seguida, Nicolau exagerou: "Se eles me querem para que assine o tratado, que não se iludam, cortarei fora minha própria mão antes de fazer isso."

Desde o "golpe de Estado" dos bolcheviques em outubro de 1917, as condições de vida dos Romanov haviam se tornado bastante duras. No dia de Natal, relata o preceptor Gilliard, o diácono, por ordem do pároco, entoou na igreja uma prece por longa vida à família imperial:

> Foi uma imprudência que só podia resultar em represálias. Os soldados, proferindo ameaças de morte, exigiram a revogação do pároco. Como resultado, sofremos novas humilhações, e a vigilância se tornou ainda

mais cerrada. A mais constante era para que só falássemos alemão em família, e não com estrangeiros, embora conversássemos principalmente em inglês — que deveríamos substituir pelo russo.

Em breve, as crianças perderam o direito de ter professores. O próprio imperador se encarregou de lhes ensinar história e geografia, e a imperatriz ensinará religião. As outras matérias serão divididas entre a baronesa Buxhoeveden (inglês), a srta. Schneider (aritmética), o dr. Botkin (russo) e eu.

Na véspera, durante o passeio, quando tentava quebrar o gelo do canal, ele se viu cercado por cerca de trinta soldados que se comprimiam a sua volta. Eles fumavam e faziam comentários indelicados em voz alta.

Durante todo esse tempo — um ano, e mais ainda —, todos tinham apenas uma coisa em mente: quem viria, enfim, libertá-los?

3. O tsar abandonado

Desde o início da revolução, o antigo tsar se sentia abandonado, mas não era odiado. Uma pesquisa mostra que, no momento da queda do regime, somente 2% dos operários e 4% dos camponeses exigiam sanções contra ele.[1] Tampouco havia hostilidade manifesta entre os soldados, mais críticos em relação a seus oficiais que em relação ao tsar. Contudo, as tropas passaram a se voltar contra Nicolau em julho de 1917, furiosas com a retomada das operações militares e com os excessos cometidos em nome da disciplina.

Quanto mais se tornava patente o fracasso do governo provisório, mais numerosos eram os pequenos incidentes testemunhando um início de agressividade em relação ao tsar. Mas não havia nisso nada de premeditado ou organizado. Para fuzilá-lo em julho de 1918, foram escolhidos atiradores letões...

Apesar disso, ele rapidamente se viu sozinho contra todos. Em fevereiro de 1917, o Estado-Maior — após ter optado pela repressão do movimento revolucionário e em face da apatia de Nicolau II, pouco disposto a cuidar do problema — apoiou a iniciativa do generalíssimo Alexeiev. Ele percorrera toda a cadeia de comando a fim de incitar os generais a recomendar a abdicação do tsar para "salvar a independência do país e assegurar a salvaguarda da dinastia".

À exceção do general Evert, todos os comandantes em chefe responderam de imediato, respeitosamente pressionando seus revólveres contra as têmporas do "monarca adorado", que, depois da leitura dos sete telegramas que solicitavam sua abdicação, sequer tentou resistir.

Abandonado por seu exército e tendo abdicado, Nicolau II tinha uma única esperança: a de que o general Kornilov, recém-nomeado por Kerenski para assumir a liderança dos exércitos russos, vencesse os Sovietes e barrasse o caminho do bolchevismo. De fato, ele parecia querer encarnar um poder forte em face do governo provisório, ou a seu lado. Mas Kornilov se declarou um general "republicano", e não monarquista. E seu *putsch* de setembro de 1917 foi um fracasso.

Já se desenhava, no entanto, uma reação contra a bolchevização. Ela tomara forma bem antes de outubro, sendo capaz de organizar a resistência logo em seguida ao golpe de Estado. Seus traços apresentam algumas similaridades com o modelo fascista, que se constituía na Itália e surgiria em breve na Alemanha:[2] reação de defesa contra a revolução social, papel inovador do grande capital, ação dos militares e da Igreja, questionamento da luta de classes, apelo à solidariedade viril dos combatentes, recurso a grupos de ação especial, denúncia da fraqueza dos governos (antes de outubro), surgimento de *homines novi* — como os antigos revolucionários partidários do nacionalismo e do culto ao líder —, mas também antissemitismo, utilização de violência contra as organizações democráticas, à maneira dos bolcheviques, simpatia e intervenção ativa dos governos aliados.

Nessas formações, podiam ser encontrados monarquistas como Purichkevich e democratas constitucionalistas (partido KD) como Miliukov, mas também membros do alto-comando, como o almirante Kolchak.

Embora não se dissessem "republicanos", como Kornilov, esses homens não tinham nenhuma intenção de restabelecer a monarquia, e menos ainda o ex-imperador. Não era desse lado, portanto, que Nicolau II podia esperar socorro.

Quanto à Igreja, embora sua hierarquia permanecesse fiel ao tsar, que a liderava do trono, ela estava parcialmente desacreditada. Por um lado, o clero ortodoxo se identificava demasiadamente com a autocracia; por outro, os russos achavam que, com a esperança de uma nova vida, já não precisavam dele: "não foram seus padres que nos libertaram do jugo; eles não servem para nada."

Essa desafeição vinha de longe: ao contrário da Igreja Católica na França durante as revoluções de 1789 ou 1848, a Igreja Ortodoxa Russa permanecia desatenta, alheia à tragédia do povo infeliz.

Ela lançara o anátema sobre Stenka Razin em 1671;[3] em 1905, acusara os trabalhadores revoltados de estarem a soldo dos japoneses; e, embora tenha construído escolas, vivera sua história de maneira muito egoísta. Em 1914, a Igreja Ortodoxa declarou que a guerra era "um castigo de Deus para o povo que não acreditava mais n'Ele".

Desde 1917, o clero manifestou sua hostilidade ao novo regime; embora apoiasse o governo provisório, demonstrava claramente sua animosidade pelos sovietes, ou seja, pelas classes populares. Na primavera de 1917, o clero se recusou a participar do funeral das vítimas da revolução, o que foi condenado até mesmo pelos deputados "burgueses". A hierarquia eclesiástica apoiava a restauração e os militares que reclamavam o retorno dos "santos princípios"; as tentativas de alguns papas reformistas passaram despercebidas.

"Somos cobertos de humilhação pelo tsarismo, pés e mãos atados, e vocês, que o acompanham, nos ofuscam e cegam ainda mais, a fim de que não possamos nem mesmo ver nossos algozes", foi a acusação de um camponês a um patriarca.[4]

O clero ortodoxo era considerado um agente da tirania. Desse modo, lançando o anátema sobre os novos dirigentes de outubro embora nenhuma perseguição tivesse vindo do poder central *até essa data* (os revolucionários haviam aprendido a lição de Robespierre: não perseguir a Igreja), o clero ortodoxo rezou pela alma dos Romanov, mas nada pôde fazer para libertá-los.

O complô dos grão-duques

Nicolau se ressentia ainda mais vivamente do abandono porque ele se revelara desde o início da Revolução de Fevereiro.

Os que mais haviam se beneficiado dos favores do tsar foram também os que se aliaram mais rapidamente ao novo regime. Além do grão-duque Cirilo, seu sobrinho, que ofereceu seus serviços ao governo provisório, houve também os cossacos da guarda, a polícia do palácio e o regimento de Sua Majestade. Raros foram os que permaneceram fiéis de maneira constante: os guardas montados de Novgorod, o conde Keller, os Beckendorff; o conde Zamoiski, que foi a pé até Tsarskoie Selo para oferecer seus serviços à tsarina; ou ainda Bunting, o governador de Tver, que se matou. O antigo ministro do Abastecimento, que geria a fortuna do tsar, tinha muitos amigos no novo governo; foi-lhe oferecido permanecer no cargo. Ele se recusou: "Questão de princípios."

Os tios e primos do tsar conspiraram desde a morte de Rasputin, assassinado pelo príncipe Yussupov em 1916. Seu alvo privilegiado era Alexandra, que queriam exilar na Crimeia: além de se acusar erroneamente a "alemã" de traição, via-se que ela encorajava a resistência de Nicolau II, que se recusava a formar um governo dotado da confiança da Duma, uma demanda constante desde a revolução de 1905.

"Vocês me fazem rir", respondeu Alexandra. "Nicolau é um autocrata, ele não tem nada a dividir com a Duma." Alexandre Mikhailovich explodiu: "Então você está prestes a morrer com seu marido. Mas, preste atenção, nós não queremos segui-los em sua louca cegueira. Vocês não têm o direito de nos envolver nesse desastre."

Desde 1916, os grão-duques haviam estabelecido a ligação entre Guchkov, antigo líder do Partido Outubrista,[5] e militares como o general Alexeiev. Havia um complô em andamento e se tentava convencer o tsar a permanecer mais tempo na Stavka (o Estado-Maior), para que escapasse de Alexandra e de sua "camarilha" — os ministros Sturmer e Protopopov, dos quais se dizia que só estavam no cargo porque suas esposas haviam partilhado momentos "místicos" com Rasputin.

Quando explodiram os Dias de Fevereiro, Nicolau recebeu um memorando de Paulo, seu tio; de Cirilo, filho de Paulo; e de Miguel, seu irmão, aconselhando-o a instaurar um regime que respondesse à Duma. Os conjurados haviam previsto que Alexei seria o herdeiro e Miguel o regente. Mas, como se viu, Nicolau, alarmado com a saúde do filho, designou Miguel como sucessor. "Vocês podem garantir minha vida se eu tomar a coroa?", perguntou este último, inquieto, aos enviados da Duma. Na ausência de uma garantia satisfatória, ele abdicou imediatamente.

De modo que nenhum dos grão-duques merecia a confiança do monarca deposto, e Nicolau II nada podia esperar daqueles que haviam desejado destituí-lo.

Kerenski quer salvar o tsar

A primeira tentativa real de salvar a família imperial veio de Kerenski, chantre da Revolução de Fevereiro e ministro da Justiça do governo provisório. Esse espírito romântico, que Lenin em breve chamaria de "a balalaica do regime", não contribuíra para o sucesso dos Dias de Fevereiro e para a queda do tsarismo apenas para iniciar uma era de violência e represálias. "Não serei o Marat da Revolução", gostava de repetir.

Assim que assumira o cargo, ele abrira as prisões e, a fim de prevenir excessos, secretamente entregara passaportes aos antigos ministros do tsar.

Restava o problema da família imperial. Evidentemente, o exílio na Grã-Bretanha se impunha como solução ideal: Nicolau II e Jorge V eram primos de segundo grau por parte da avó materna, a rainha Vitória. Além disso, os dois eram ligados por laços de verdadeira amizade. Com o acordo de Miliukov, ministro das Relações Exteriores, Kerenski comunicou seu pedido ao embaixador Buchanan e fez uma visita ao ex-imperador, que aceitou a ideia. Em 6 de março (no calendário ortodoxo), as malas do tsar estavam prontas. Estava previsto que o pedido à Grã-Bretanha seria justificado por "razões humanitárias".

Mas, em 9 de março, tendo sabido que o governo provisório decidira oferecer a Nicolau Romanov a possibilidade de partir para a Inglaterra, o Comitê Executivo do Soviete de Petrogrado adotou medidas imediatas para manter seu aprisionamento. O comitê exigiu que ele fosse transferido de Tsarskoie Selo para a fortaleza de Pedro e Paulo. A guarda foi trocada e as linhas telefônicas que ligavam a fortaleza ao resto do país foram cortadas. Irritados, os oficiais do Primeiro Regimento de Reserva instalados no palácio começaram a se agitar contra o Soviete. Era este o "duplo poder": o governo de um lado, o Soviete de outro.

Assim, depois que Mstislavski, enviado especial do Soviete, viu com seus próprios olhos que Nicolau continuava retido em Tsarskoie Selo com a mulher e os filhos e Kerenski o persuadiu de que o exílio do soberano poria fim à desordem, o projeto de partida foi reconsiderado.

Contra todas as expectativas, as dificuldades vieram da Inglaterra. Para preparar a chegada do tsar à Grã-Bretanha, uma campanha de imprensa anunciou a vinda próxima do "fiel aliado". O primeiro-ministro Lloyd George dera seu consentimento.

"Então não haverá processo?", perguntaram os jornais ingleses, rapidamente ecoados pelo Soviete de Petrogrado. Miliukov advertiu o embaixador inglês de que a transferência suscitaria problemas; "Não se agirmos rapidamente", respondeu Kerenski. Lembremos que Miliukov era monarquista e Kerenski, republicano...

Nesse meio-tempo, em Londres, um poderoso movimento de oposição protestava contra a transferência. Trabalhistas e sindicatos não queriam a vinda de "Nicolau, o Sangrento" e sua esposa, a imperatriz alemã. Uma ameaça de greve geral se desenhava, em ressonância com as extraordinárias notícias provenientes da Rússia, que causavam entusiasmo nos meios socialistas e pacifistas. A vinda do tsar seria vista como provocação.

O governo inglês recuou e, no Parlamento, o ex-primeiro-ministro lorde Cecil afirmou que jamais houvera "convite" — o que, ao pé da letra, era verdade. Diante da amplitude do movimento de protesto, o rei Jorge V interveio pessoalmente para que o governo retirasse a proposta de asilo, mas sua intervenção foi mantida em segredo.

Na Rússia, o embaixador Buchanan foi incumbido da delicada missão de informar ao governo provisório que a Inglaterra mudara de posição. Mais tarde, Meriel Buchanan, sua filha, revelou que, por deveres de discrição, seu pai dera a entender que fora o governo inglês que recuara, e não o soberano. O embaixador fora ameaçado de suspensão e perda de direitos se revelasse quem estava na origem dessa reviravolta.

Quando as greves cessaram e a morte do tsar foi divulgada, o embaixador Buchanan foi responsabilizado por ela...

Nicolau, por sua vez, ignorava — ou queria ignorar — os governos e suas políticas: "Tenho vergonha por Jorge e pela Inglaterra", disse, quando soube da atitude do primo.

O tsar, naturalmente, enxergava as relações internacionais pelo ângulo familiar. Jorge era o primo de que mais gostava. Não nutria nenhum afeto por Guilherme II, que lhe declarara guerra e cuja arrogância não suportava. Restava Cristiano da Dinamarca, que frequentemente reunia os descendentes da rainha Vitória em seu iate em Copenhague.

De fato, o rei da Dinamarca falou com o kaiser sobre uma intervenção a fim de salvar a família imperial. Era o auge da guerra e o chanceler Bethmann-Hollweg evitou a questão: "O que posso fazer? Há duas linhas de soldados russos e alemães entre nós." Apesar disso, segundo o general Wallscourt Waters, um contato foi estabelecido e se conseguiu a garantia de que o navio inglês que transportaria os Romanov não seria atacado. Mas não houve navio inglês.[6]

A partir daí, os monarquistas tentaram assumir as negociações para salvar os Romanov.

Negociações entre os monarquistas e os alemães

De fato, muitos fios se enredavam nos meios monarquistas, que reuniam grandes somas de dinheiro — mais de 200 mil rublos, segundo o conde Beckendorff, um dos mais ativos apoiadores do tsar, e talvez outros 175 mil. O clero de Tobolsk formava uma verdadeira rede local de informações, que reunia os contatos e mantinha a família imperial informada: é assim que o diário de Alexandra alude, em janeiro de 1918, a "Iarossinski, que não nos esqueceu". Iarossinski outrora financiara os hospitais de que Maria e Anastasia eram madrinhas.

Em março, a ex-imperatriz temeu pelo destino de Boris Soloviev, genro de Rasputin: dizia-se que ele preparava algo para salvá-los. Em Tobolsk, os monarquistas agrupados em torno do ex-senador Tougan-Baranovki haviam conseguido alugar uma casa em frente à residência do governador, onde os Romanov estavam alojados, e começaram a cavar uma passagem subterrânea para preparar sua fuga: não conseguiram fazê-lo a tempo.

Mas a principal operação de salvamento foi organizada por um movimento chamado Centro Direita (*Pravi Tsentr*), do qual eram membros homens como Krivochein, Gurko, Trepov, o general Ivanov, a princesa Pavlovna e aqueles que, em seguida à Revolução de Fevereiro, propuseram lançar um manifesto pelo estabelecimento de uma monarquia constitucional. Nicolau Markov (chamado de Markov II), antigo dirigente monarquista da União do Povo Russo, se associara ao grupo e entrara em contato com Virubova, a dama de companhia da imperatriz, e com o clero de Tobolsk.[7]

Todavia, uma dupla cisão os impedia de agir: alguns consideravam a abdicação nula e inexistente; outros a aceitavam, mas se dividiam entre os partidários de Miguel e os de Paulo, irmãos do tsar, que seriam regentes do jovem Alexei. Além disso, alguns eram fiéis à Entente (França, Grã-Bretanha e Rússia), enquanto outros eram germanófilos. Esses últimos estavam em melhor posição para agir em segredo quando começaram as negociações de Brest-Litovsk entre o governo bolchevique e a Alemanha, em dezembro de 1917. A questão da transferência do tsar não foi abordada oficialmente, mas representantes do kaiser se instalaram em Moscou, o que facilitou a aproximação. Um embaixador alemão foi nomeado, o conde Mirbach. Os monarquistas russos, liderados pelo conde Benkerdorff, antigo marechal da corte, intercederam junto a ele para obter a liberdade dos Romanov. Eles propuseram a restauração, mediante uma colaboração econômica da qual seriam fiadores, dada sua ligação com os bancos alemães.

O embaixador respondeu que "o destino do tsar é assunto do povo russo. Estamos preocupados apenas com a segurança das princesas alemãs em território russo". Acima de tudo, os russos não deveriam pensar que Guilherme II tinha interesse em uma eventual restauração.[8]

De fato, Guilherme II estava inamovível nessa questão: antes de qualquer outra coisa, era preciso concluir as negociações com os bolcheviques — o que liberaria as tropas para serem enviadas para o oeste. Ele já dissera ao rei da Dinamarca que qualquer ajuda à família Romanov, ainda que de ordem humanitária, comprometeria irreversivelmente o processo de paz. Não era o momento de contrariar os bolcheviques. Os alemães podiam apenas ajudar os monarquistas a se organizar e preparar a restauração para mais tarde, quando a paz estivesse assinada.

Encontrando-se em Tobolsk na ocasião, o tsar, mais ou menos informado sobre essas diligências, declarou que "não queria, de modo algum, ser salvo pelos alemães". "Essa história me tira o sono", disse o kaiser a respeito. "Ela perturba nossos planos."

Contra ventos e marés, dadas as exigências dos alemães e a oposição da grande maioria dos russos a essas concessões, Lenin, Trotski, Kamenev e Ioffe concluíram a paz de Brest-Litovsk em 3 de março de 1918. No início de abril, a maioria mudava de direção no Comitê Executivo do Soviete dos Urais: ela agora pertencia aos bolcheviques. Eles dissolveram a Duma local e seus *zemstvos* (assembleias provinciais) e tomaram o poder.

Esses dois eventos — a paz com a Alemanha e a bolchevização do Soviete dos Urais — não tinham nenhuma ligação aparente. Contudo, ambos diziam respeito ao destino da família imperial, pois, no momento em que os monarquistas imaginavam poder montar uma operação de sucesso com a intervenção dos alemães, os bolcheviques dos Urais, encarregados do tsar e de sua família, então em Tobolsk, julgaram necessário acabar com a permanente ameaça de evasão. Vassili Pankratov, há pouco nomeado por Kerenski para a vigilância do ex-imperador, assegurava aos Romanov um regime tolerante, com passeios pela cidade e visita de padres, a ponto de os soldados encarregados da guarda se sentirem isolados, como prisioneiros de uma cidadela hostil. Eles alertaram Petrogrado: "Morreremos, mas eles não sairão vivos daqui", foi o que disseram ao Comitê Revolucionário Provisório que Sverdlov dirigia. Em 2 de maio, o Praesidium do Comitê Central decidiu que os Romanov deveriam deixar Tobolsk.

Uma tentativa abortada: a missão Yakovlev

Ocorre então o primeiro dos eventos inexplicáveis dessa história: a missão de Vassili Yakovlev, que participara do encarceramento do ex-tsar em Tsarskoie Selo, ao lado de Mstislavski.

Em abril, esse representante oficial do presidente Sverdlov, munido de tropas (trinta homens e quatro metralhadoras), apareceu em Oufa, Ecaterimburgo e Tobolsk; ele estava encarregado de assegurar a transferência da família Romanov. Não podia dizer para onde e assegurava não saber; as instruções lhe seriam fornecidas a cada etapa.

Mas todo tipo de contratempo impediria a execução do plano previsto: o jovem Alexei teve uma crise de hemofilia e não podia ser transportado; a insegurança tomara conta da região, com as diferentes cidades disputando o controle de comunicações, provisões etc., frequentemente à mão armada; e tropas irregulares se uniam à desordem.

É preciso compreender que, na primavera de 1918, embora a palavra do poder estivesse centralizada, sua autoridade estava longe de ser realidade.

A partida se deu em dois comboios, com o ex-tsar partindo primeiro e a imperatriz e a família em seguida. O movimento dos trens e comboios suscitou a desconfiança de diferentes instâncias e outras forças armadas que se encontravam na região, provocando idas e vindas, ora na direção de Moscou, ora na direção de Omsk, então semicontrolada pelo Partido Socialista Revolucionário.

Uma troca de telegramas, inédita, relata a confusão. O primeiro (3507) é endereçado a Sverdlov, presidente do Comitê Executivo Central:[9]

> Em 28 de abril, um trem especial sob o comando do comissário Yakovlev, que escoltava o tsar Nicolau II, deixou o entroncamento n. 18 da via férrea de Omsk. Yakovlev tinha ordens do Sovnarkom para levar o antigo tsar de Tobolsk a Ecaterimburgo e entregá-lo ao Soviete dos Operários e Camponeses dos Urais. Segundo carta do presidente Sverdlov de 9 de abril, o antigo tsar não podia ser enviado para nenhum outro local sem autorização direta do Centro, e não recebemos nenhuma instrução em contrário.
>
> De Tobolsk, o comissário Yakovlev levou Nicolau Romanov até Tiumen, para em seguida se dirigir a Ecaterimburgo; mas, na bifurcação seguinte, mudou a direção do trem, que partiu em outro sentido, para Omsk [ou seja, na direção oeste].
>
> Tendo examinado a conduta do comissário Yakovlev, o Soviete Regional dos Urais, de maneira unânime, considerou que se tratava de traição aberta contra a causa da Revolução, além de uma tentativa, cujos objetivos são desconhecidos, *de subtrair o tsar do Partido Revolucionário dos Urais, a despeito das ordens do Centro.*
>
> Trata-se de ação que exclui o comissário Yakovlev das fileiras revolucionárias.
>
> O Soviete Regional dos Urais pede a todas as organizações revolucionárias, notadamente o Soviete dos Deputados, que tomem as medidas mais radicais, aí incluído o uso das forças armadas, para deter o trem do ex-tsar.
>
> O comissário Yakovlev dispõe de uma centena de homens. Ele deve ser detido com aqueles que o acompanham e que se opuserem a nós. Toda a escolta será substituída por homens confiáveis.

Os prisioneiros, juntamente com Nicolau Romanov, devem ser entregues ao Soviete de Ecaterimburgo. Afirmamos que não se devem levar em consideração os diferentes documentos que Yakovlev apresentará e aos quais fará referência, pois, sem dúvida alguma, constituem os primeiros indícios e provas do plano criminoso que elaborou com os bolcheviques comunistas, os socialistas revolucionários de esquerda e os maximalistas.

Assinado: Alexandre Beloborodov, presidente do Soviete Regional.

Com cópia para Sverdlov.

Em 29 de abril, Sverdlov respondeu que Yakovlev agia de acordo com suas instruções. Entrementes, ele lhe ordenara voltar para Tiumen. Assim informado, Kosarev, presidente do Soviete da Sibéria Ocidental em Omsk, ordenou a anulação do telegrama 3507.

No fim das contas, e após uma aventura de cinco dias, Yakovlev conduziu o tsar e sua família a Ecaterimburgo e os entregou nas mãos de Beloborodov, Goloshchekin e outros membros do Comitê Executivo dos Urais. O tsar seria aprisionado em um edifício fortemente vigiado, a casa Ipatiev, sua última morada.

Nada está claro nesse "caso Yakovlev", mas vários fatos podem ser atestados:

- O tsar, a tsarina e suas filhas estavam convictos de que se dirigiam a Moscou e, de lá, seriam conduzidos a um refúgio na Escandinávia ou na Inglaterra. Era o que Yakovlev, sem dizê-lo expressamente, dera a entender.
- Quando chegou a Ecaterimburgo, Yakovlev provou que estivera em contato permanente com Sverdlov (ou Lenin) durante toda a missão e que seguia suas instruções.
- A missão pode ser considerada um fracasso, pois a situação local impediu Yakovlev de chegar mais longe que Ecaterimburgo, onde, agindo em conformidade com Moscou, deixou a família imperial nas mãos do Soviete.

- Logo em seguida, Yakovlev se escondeu, para depois se unir ao campo dos socialistas revolucionários, sua família política de origem.

O caso também é obscurecido pelo desvio até Omsk — onde estavam os Brancos —, que permanece parcialmente sem explicação. A referência a Riga, feita diversas vezes, permite supor que a partida para a Escandinávia seria feita de um porto controlado pelos alemães. Além disso, a tsarina relatou que, durante a viagem, encontrara Sedov, um dos emissários de Markov II, ligado aos monarquistas. Para os soviéticos, Yakovlev era um traidor. Mas seria assim tão simples? Qual era sua missão?

Aparentemente, tratava-se de não entregar a família imperial ao Soviete de Ecaterimburgo. Mas a tentativa foi um fracasso.

Deveria ele salvar toda a família imperial, ou somente Alexandra e as filhas? Yakovlev insistiu veementemente para que o tsar e a família não viajassem no mesmo veículo. Por quê?

Deveria ele fazê-los cruzar — todos ou alguns — para a Escandinávia, o que explicaria o desvio na direção de Omsk?[10]

Adaptar-se às circunstâncias para impedir um atentado contra os Romanov e salvar sua vida em vista de um processo ou algo pior foi ideia de Sverdlov e Lenin ou de Yakovlev? De todo modo, a rivalidade entre as diferentes instâncias de poder permanecia repleta de desconfiança — legítima ou não. Ela tornava suspeito cada movimento dos Romanov.

Nota-se também que a guarda da abundante bagagem da família imperial era muito cobiçada. Seus bens compreendiam boa parte das necessidades de uma residência: louças, joias, roupas. Os furtos começaram já em Tobolsk. Em 1933, foi conduzida uma investigação para recuperar tudo o que fora subtraído ou "apossado".[11]

Vigilância cerrada

No fim de junho de 1918, intensificou-se a vigilância sobre a casa Ipatiev, em Ecaterimburgo, onde a família imperial estava instalada desde 30 de abril. Essa casa "de destinação especial", em pleno centro da cidade, fora requisitada ao proprietário, o rico industrial Nicolau Ipatiev. Uma instrução precisava o horário de passeio: "do meio-dia às 14 horas"; toda a família deveria participar, reunida.[12] Paralelamente, vários oficiais se propuseram a ajudar os Romanov a fugir. Em uma carta em francês, descoberta pelo historiador Alexeiev nos Arquivos de Ecaterimburgo, um deles explica que, com a chegada dos tchecoslovacos aliados aos Brancos, que estavam a apenas 80 quilômetros de Ecaterimburgo, os bolcheviques podiam "se preparar para sua perda". "Estejam sempre prontos e mantenham as janelas abertas durante a noite. Assinado: um oficial do exército russo que está disposto a morrer por vocês." O tsar respondeu a essa carta, assim como a várias outras, fornecendo a localização exata dos cômodos, das janelas etc.

A um de seus correspondentes, ele teria escrito: "Não queremos fugir. Seria melhor pensar em uma espécie de sequestro, bem programado, somente até Tobolsk. Desse modo, a família não pareceria cúmplice."

Essa carta é falsa, como reconheceu seu autor em 1964. Era uma tentativa de construir um dossiê contra Nicolau II, para ser usado em seu julgamento.

Os guardas dos Romanov temiam sua fuga. Alexandra recebeu uma advertência por ter se expressado em alemão na presença do dr. Deverenko, que não era membro da família. Em 10 de junho, após seu passeio, os Romanov exigiram a abertura das janelas para ventilar seus aposentos. Foi-lhes recusada.

De fato, verdadeiras "tentativas de tentativa" tiveram lugar em julho. A primeira, uma fuga aérea, foi imaginada pelo agente inglês Richard Meinertzhagen. Mas somente um avião não teria sido suficiente e ele não se sentia seguro de possuir autonomia de combustível para o voo entre Ecaterimburgo e o porto da cidade de Arcanjo, ao norte. Em todo caso, o rei Jorge V fora informado sobre o projeto.

Em 6 de julho, o cônsul inglês em Ecaterimburgo, Preston, organizou uma reunião na qual se decidiu libertar a família imperial em um "ataque surpresa". Mas era preciso tempo para organizá-lo... os tchecoslovacos avançavam... o pano cairia sobre Ecaterimburgo.

Durante esse tempo, o ex-imperador fazia em seu diário a narrativa detalhada de seus dias de cativeiro:

> A casa é bonita e limpa. Quatro grandes peças nos foram reservadas: um quarto com vista dupla, um banheiro, uma sala de jantar cujas janelas dão para um pequeno jardim e de onde se pode ver a parte baixa da cidade e, por fim, uma grande sala de estar. [...] A vistoria da bagagem foi de uma severidade extrema, uma verdadeira inspeção de alfândega. Tudo foi examinado, até o último frasco da farmácia de viagem de Alexandra. Isso me fez perder a calma e eu disse ao comissário, de maneira muito seca, o que pensava sobre o assunto. [...]
> 21 de abril — Sábado de Aleluia: [...] Nos deram autorização para mandar buscar um padre e um diácono. Às 20 horas, eles rezaram a missa de Páscoa, que foi boa e rápida. Foi um grande consolo orar, mesmo nessas condições, e ouvir o *Cristo ressuscitado*. Os soldados da guarda assistiram ao serviço.
> 1º de maio: [...] Ao meio-dia, houve mudança de guarda. A nova é composta por russos e letões. [...] Disseram-nos que só podemos caminhar durante uma hora diária, "para que o regime se pareça com o de uma prisão", e depois um velho pintor cobriu com cal as janelas de todos os nossos cômodos. Os comissários nos vigiam enquanto passeamos.

O diário se torna cada vez mais esparso. Em maio, o ex-tsar se inquietava com a mudança que percebia em seus carcereiros:

> 28 de maio. Dia quente; as caixas vindas de Tobolsk foram abertas no entreposto. Várias coisas desapareceram e isso me faz pensar que eles podem muito bem ter pegado tudo que lhes agradava.[13] Não as veremos mais. É abominável.
> Do mesmo modo, seu comportamento mudou: nossos carcereiros se esforçam para não falar conosco. Tem-se a sensação de que estão inquietos, de que temem alguma coisa. Não consigo entender.

21 de junho. Nossa guarda mudou. Andreiev, tão desagradável, foi substituído por Yurovski. Ele tomou nossas joias e as guardou em uma caixa, que lacrou após nossa conferência. E então nos entregou a caixa. Yurovski compreendeu que as pessoas que nos cercavam guardavam para si a maior parte das provisões que nos eram destinadas. Estou no sétimo tomo das obras de Saltikov-Shchedrin; estou adorando.

Em 30 de junho, Nicolau Romanov escreveu em seu diário pela última vez:

30 de junho. Alexei tomou seu primeiro banho desde Tobolsk: seu joelho está melhor, mas ele ainda não consegue dobrá-lo completamente. O tempo está ameno e agradável. Nenhuma notícia do exterior.

Alguns dias mais tarde, ele seria assassinado.

Sobre a lancinante questão de quem decidiu executar o tsar, ocorre que os arquivos do Soviete dos Urais desapareceram. Assim, é preciso nos apoiar nos testemunhos.

Segundo um dos membros do Soviete, um deles foi até Moscou para obter autorização para executar os Romanov, mas voltou a Ecaterimburgo sem ela. Organizar o processo de Nicolau II localmente se tornara impossível: os exércitos tchecoslovacos se aproximavam da cidade. O Soviete então decidiu, por unanimidade, fuzilar os Romanov sem demora. Era 12 de julho.

"No que diz respeito à família, iríamos talvez anunciá-la [sua execução] igualmente. Mas, como, não sabíamos. Era preciso chamar o menor número possível de homens. Porém confiáveis."

Contudo, os dirigentes não ousavam agir sem autorização de Moscou. "Faremos isso sem vocês", advertiram os socialistas revolucionários de esquerda. "A iniciativa de agir precisa ser nossa", julgaram os bolcheviques do Soviete.

"E os servidores?", perguntou Medvedev. "Dissemos a eles para partir", respondeu Yurovski. "Alguns partiram, outros afirmaram estar prontos para partilhar o destino do monarca. Deixaremos que o partilhem."

Esses testemunhos datam de 1920, 1921 e 1926. Voltaremos a eles.[14]

4. Uma investigação arriscada

Depois da execução do tsar, ou do tsar e de sua família, em julho de 1918 em Ecaterimburgo, muitos testemunhos criaram dúvidas sobre a realidade do relato apresentado. A controvérsia ressurgiu em 1919, em Berlim, quando uma jovem se apresentou como Anastasia, a mais jovem das filhas do tsar, oficialmente assassinada.

Todavia, após a publicação, em 1924, do relatório do juiz Sokolov, encarregado pelos Brancos do inquérito sobre a morte dos Romanov, parecia que o caso estava encerrado. Além disso, Vermelhos e Brancos falavam agora em uma única voz: toda a família Romanov fora executada e essa tal Anastasia não passava de uma mentirosa. Quanto aos grão-duques, entre os quais Miguel, irmão de Nicolau, também foram assassinados alguns dias mais tarde, em Alapaievsk.

Certamente, antes da publicação do relatório de Sokolov e do estabelecimento do relato canônico sobre o assassinato coletivo dos Romanov, como vimos, surgiram muitas contradições entre as afirmações de Vermelhos e Brancos sobre a realidade do massacre. Mas estas pareciam esquecidas e nada mais, com exceção do episódio Anastasia nos anos 1920, veio perturbar a tranquila certeza da opinião pública, tanto ocidental quanto soviética. Além disso, sob Stalin (1924–1953), toda a tragédia foi varrida para debaixo do tapete e a história oficial do Partido Comunista sequer mencionava a morte de Nicolau II. Mas, sob Kruschev e com o "degelo", as línguas se soltaram. O Ocidente se interessou pelo assunto e Yuri Andropov, chefe do KGB, ordenou a destruição da casa Ipatiev em 1977-1978.

E eis que, em 1976 — terá sido fortuito? —, dois jornalistas ingleses da BBC, Anthony Summers e Tom Mangold, descobrem que, na realidade, o dossiê publicado pelo juiz Sokolov continha apenas uma pequena parte das peças de instrução. Todas as peças que atestavam a eventual sobrevivência das princesas e da imperatriz haviam sido suprimidas. Ao mesmo tempo, pesquisadores americanos como Peter Kurth alimentavam o imenso dossiê provando que Anastasia era de fato a mulher que se apresentara sucessivamente como sra. Tchaikovski e Anna Anderson.

Em 1987, o historiador Nicolas Ross publicou a íntegra das peças do dossiê de instrução, das quais o juiz Sokolov publicara apenas um quarto.[1] Marina Grey, filha do general branco Denikin, foi quem primeiro as escrutinou. As conclusões de ambos, sem serem formais, tendem a afirmar que somente um Romanov foi executado em Ecaterimburgo, o ex-tsar. Todavia, segundo eles, a imperatriz e seus filhos foram assassinados algum tempo mais tarde.

1989. A Perestroika retoma as investigações

"Os russos devem saber a verdade sobre a morte do tsar!" As manchetes dos jornais soviéticos, inimagináveis alguns anos antes, revelam, no fim dos anos 1980, a exigência de uma sociedade que, desde a era Gorbachev, vivia sob o signo da *glasnost* (transparência).

Após anos de perseguição, a Igreja Ortodoxa parece renascer: "Moscou reza pelo tsar inocente", diz a manchete de um jornal, em um sinal da reabilitação daquele que, em 1917, era chamado de Nicolau, "o Sangrento".

Em abril de 1989, em *Les Nouvelles de Moscou*, um publicitário metido a dramaturgo chamado Gueli Riabov declarou ter encontrado, dez

UMA INVESTIGAÇÃO ARRISCADA

anos antes, os cadáveres dos Romanov — ou ao menos seus crânios —, afirmando que não haviam sido destruídos com ácido, como se acreditava, mas sim enterrados em um bosque próximo a Ecaterimburgo. Se realmente fossem os corpos em questão, seria possível transportá-los, rezar uma missa e honrar sua memória, declararam o papa Vadim e Vladimir Anichenko, um dos dirigentes do Comitê pela Reabilitação do Antigo Tsar. Simultaneamente, em 12 de novembro de 1989, foi fundado o Partido Ortodoxo Monarquista Constitucional da Rússia (o PKMPR), em um monastério da região de Moscou.

O mesmo Gueli Riabov publicou, em maio de 1989, nos números 4 e 5 de *Rodina*, um longuíssimo artigo com trechos inéditos da confissão de Yurovski, que, segundo a vulgata, fora responsável pela execução dos Romanov. Aparentemente, ela é datada de julho de 1920. Na realidade, esse artigo sensacionalista não dizia nada além do que já se sabia.[2] A algazarra em torno do "judeu Yurovski", que teria abatido o tsar com a ajuda de uma guarda composta por letões, dava a entender, acima de tudo, que o monarca não fora assassinado por "verdadeiros russos".

Em todos esses anos, durante os quais a necessidade de verdade na Rússia levou ao ressurgimento de uma multidão de testemunhos e documentos,[3] repetia-se a cada cinco anos, mais ou menos, que as ossadas dos Romanov — a respeito das quais originalmente se dissera que "nunca seriam encontradas" — haviam sido descobertas e autenticadas por testes de DNA, uma, duas, três vezes.

Todavia, a Igreja Ortodoxa se recusou a reconhecer esses restos mortais e, em 1998, o patriarca Aleixo II se mostrou indiferente à grande cerimônia prevista para comemorar o retorno dos corpos a São Petersburgo. Somente o padre Boris Glebov foi enviado para representar a Igreja, "estando entendido que o nome dos mortos não será mencionado". "A verdade é que não sei quem irei enterrar", confidenciou Glebov. "Esses restos mortais são falsos", proclamou Tikhon Kulikovski, filho da grã-duquesa Olga Alexandrovna, irmã mais nova de Nicolau. Sua esposa se recusou a assistir ao funeral, assim como todas as outras herdeiras Romanov.

Já em 1991 se constatara que o sangue de Tikhon não correspondia ao do tsar.[4] A autenticação dos pretensos restos mortais de Alexei e Maria também fora contestada. Nenhum dos esqueletos encontrados poderia corresponder ao de Anastasia, segundo o professor Mapples; nem ao de Maria, segundo o professor Abramov. A única certeza era em relação à arcada dentária de Botkin, médico da família Romanov, e às vestes encontradas em uma cova em 1919. Quanto ao crânio, ele pertencia ao ex-tsar ou este se encontrava no Kremlin, como pretenderam o general Dieterichs e o jornalista Robert Wilton em 1920?

Nota-se que fatos preocupantes cercam as "descobertas". Gueli Riabov, que encontrou as tumbas, tem o mesmo sobrenome de um dos seis assassinos encarregados de executar Miguel, irmão do tsar, e os grão-duques em Alapaievsk. Abramov, do Serviço de Medicina Legal, tem o mesmo sobrenome do chefe da Cheka (polícia política) de Alapaievsk na época dos fatos. Nemtsov, presidente da Comissão das Ossadas, é também o sobrenome do presidente do Comitê Central de Perm em 1918. Por fim, Medvedev, historiador da Comissão das Ossadas, seria filho de um dos executores do tsar.

O autor que relatou essas coincidências em 1998 julgou mais prudente não fornecer sua verdadeira identidade. Aquele que assina como "Michael Gray"[5] sabe que o massacre de Ecaterimburgo já causou a morte, entre 1918 e 1920, de vários investigadores curiosos demais, como veremos. E diz-se que Alexis de Durazzo, que se apresentava como neto de Maria, uma das filhas do tsar, foi envenenado dois anos após ter enviado ao governo russo, em novembro de 1993, cerca de quarenta documentos sobre o destino dos Romanov.

Para entender mais claramente essa investigação, sigamos o conselho do historiador Nicolas Ross e retomemos a cronologia desde o início.

O massacre de Ecaterimburgo data de 16–17 de julho de 1918. A investigação oficial se iniciou no fim de novembro do mesmo ano, data do depoimento das primeiras testemunhas. Ora, entretempos, produziu-se um evento considerável: a Primeira Guerra Mundial chegou ao fim e o armistício foi assinado.

Com a derrota alemã, Guilherme II foi forçado a abdicar. Os Hohenzollern desapareceram da cena política e o kaiser se exilou na Holanda: somente os generais Ludendorff e Hindenburg ainda desempenhavam papel ativo na vida política alemã.

Como consequência, a rede monárquica que funcionava paralelamente ao conflito mundial e à guerra civil russa — os três motores que animam e esclarecem as circunstâncias do massacre de Ecaterimburgo — desapareceu. Da família Romanov e de seus parentes restam apenas Cirilo, candidato reconhecido em caso de restauração, o grão-duque Nicolau, antigo generalíssimo, e os monarcas ingleses, romenos e dinamarqueses.

Agora é a guerra civil entre Vermelhos e Brancos que ocupa a frente da cena.

Na França, *desde antes* da assinatura do armistício, como se vê no memorando de 23 de outubro de 1918,[6] o presidente do Conselho, George Clemenceau, considera o estabelecimento de um cordão sanitário em torno da república dos soviéticos e apoio inequívoco aos Brancos. Da mesma forma, vários políticos, antes de 11 de novembro de 1918, pensaram em uma aproximação franco-alemã contra a "praga bolchevique": Auguste Gauvain em *Le Journal des débats* e Maurice Barrès em seus *Cahiers* julgavam que a luta contra os comunistas deveria servir de elo entre as três potências aliadas e temiam que, "sem uma Alemanha forte, a Europa sucumba ao bolchevismo".

No fim de novembro, na Câmara dos Deputados, Stephen Pichon, ministro das Relações Exteriores, relatou que "o príncipe Lvov esteve em uma cela vizinha à dos membros da família imperial. Os bolcheviques os reuniram e fizeram com que se sentassem. Durante toda a noite, eles os crivaram de golpes de baioneta e, no dia seguinte, acabaram com eles, um após o outro, com tiros de revólver, de maneira que, segundo Lvov, a sala se tornou um verdadeiro mar de sangue".

Esse discurso público teve efeito considerável: o relato de um ministro francês que se apoiava sobre o testemunho de Lvov, presidente do primeiro governo provisório russo em março de 1917!

Na verdade, só se soube muito mais tarde que o príncipe Lvov jamais habitara a casa Ipatiev. Ele sequer entrara nela — a casa não possuía celas, pois se tratava de uma residência burguesa. Stephen Pichon compreendera mal: o príncipe Lvov fora encarcerado a alguns quilômetros de lá e, portanto, não testemunhara os eventos. Mas Pichon não quis voltar atrás e não acreditou no desmentido dos bolcheviques.

Foi nesse clima inflamado que os Brancos iniciaram sua investigação sobre as circunstâncias da morte da família imperial. Seis meses haviam se passado, Ecaterimburgo mudara de mãos duas vezes e uma pré-investigação estava em andamento desde o mês de julho.

Lembremos inicialmente que, depois de 25 de julho de 1918, tropas tchecas e contingentes russos haviam entrado em Ecaterimburgo. Previamente, os Vermelhos haviam se retirado para Perm e levado consigo arquivos e dossiês. O Comitê Executivo dos Urais e a Cheka também se retiraram.

Em Ecaterimburgo, um poder de múltiplas lideranças havia se instalado: o poder militarizado, o Comitê Nacional tcheco e o poder civil, tendo a sua frente o presidente da Bolsa de Valores de Ecaterimburgo, o cadete Ivanov.

Os novos ocupantes sabiam que a família Romanov estivera lá, o que, aliás, apressara a ofensiva dos Brancos em direção à cidade; mas eles chegaram tarde demais. Fora-lhes dito e eles haviam lido nos jornais que "o tsar havia sido fuzilado e sua família havia desaparecido". A casa Ipatiev, onde os Romanov haviam morado, estava vazia; os vizinhos, oficiais brancos, haviam recuperado algumas relíquias.

Na manhã do dia 27, um tenente se apresentou ao capitão Girs, que comandava o setor, para dizer que a 18 quilômetros da cidade, perto da aldeia de Quatro Irmãos, os Vermelhos haviam sido avistados queimando vários objetos. O comandante da guarnição compreendeu que certamente se tratava de bens pertencentes à família imperial e quis acionar o poder judiciário. Mas, sem ordens do procurador, ninguém ousou interferir.

Impacientes, os oficiais brancos, liderados pelo capitão Malinovski, não esperaram autorização para forçar o magistrado Nametkin a fazer a minuta do que haviam encontrado perto do bosque de Quatro Irmãos, para onde o conduziram à força. Tratava-se de múltiplos objetos e restos de vestimentas pertencentes à família imperial.[7]

O capitão Malinovski pesquisou durante seis dias e fez um relatório no qual estimava que várias pessoas haviam sido fuziladas na casa Ipatiev de modo a "simular" a morte da família imperial. Esta teria sido conduzida ao longo do caminho Koptiaki, e suas roupas haviam sido queimadas. "Essa foi minha impressão, e me parecia que de modo algum a casa imperial alemã permitiria tal abominação."

Esse texto, que figura no dossiê de instrução, só foi publicado em 1976 pelos jornalistas Summers e Mangold. Ele não foi citado no inquérito de 1924 do juiz Sokolov e, curiosamente, em sua obra de 1987, o historiador Nicolas Ross cortou o testemunho de Malinovski justamente antes de sua conclusão.

O segundo fato preocupante é que o assistente civil de Malinovski, Alexandre Nametkin, que partilhava de sua convicção, foi acusado de covardia e incompetência e então fuzilado pelos Brancos.

O terceiro fato preocupante é que o primeiro juiz encarregado do inquérito pela procuradoria antes de Sokolov foi rapidamente dispensado por seu chefe, o general Dieterichs, por não demonstrar convicção. Sergueiev — era esse seu nome — não descartava a possibilidade de um assassinato coletivo, mas tinha uma percepção diferente. Ele acreditava, após ouvir várias testemunhas, que a imperatriz e suas filhas não haviam sido executadas, mas sim evacuadas para algum lugar.

Antes de ser dispensado, o juiz Sergueiev concedeu uma entrevista, em dezembro de 1918, a Herman Berstein, do *New York Tribune*, que foi publicada em 5 de setembro de 1920: "Não creio, após ter examinado tudo, que todas essas pessoas — o tsar, sua família — tenham sido executadas aqui. Estou convicto de que a imperatriz, o tsarévitche e as grã-duquesas não foram executados na casa Ipatiev. Acho, contudo, que o tsar, o dr. Botkin, médico da família, dois criados e uma criada foram de fato assassinados aqui."

Um mês após sua dispensa, em 23 de janeiro de 1919, o juiz Sergueiev foi fuzilado. Segundo o general Dieterichs, ele foi executado "pelos bolcheviques".

No total, as mortes suspeitas são cinco: Khotinski e Sakovich, socialistas revolucionários de esquerda que teriam incitado o Soviete de Ecaterimburgo a executar todos os Romanov, foram fuzilados pelos Brancos, segundo os Vermelhos; Medvedev, a única testemunha da execução, morreu de tifo entre dois depoimentos, segundo Sokolov e o comandante Lasies; Nametkin e o juiz Sergueiev foram executados pelos Vermelhos, segundo os Brancos.

A versão final dos Brancos

O dossiê do juiz Nikolai Sokolov, *O assassinato da família imperial*, publicado em 1924, desempenha desde então o papel de vulgata. Segundo ele, "o homem encarregado de organizar o massacre era judeu, Jacob Yurovski, fotógrafo, enfermeiro e membro do Soviete dos Urais. Os operários previstos originalmente foram substituídos por homens da Cheka, sobretudo letões".

Sokolov cita em seguida o relato da execução pela "única testemunha ocular" do massacre, o operário e soldador Medvedev. Esse Medvedev, sargento da guarda da casa Ipatiev e chekista, foi convocado pelos oito membros do Comitê Executivo do Soviete dos Urais, presidido por Beloborodov. Ele afirmou ter sido o primeiro a atirar no tsar — embora negasse o fato em outras ocasiões, como veremos. Seu filho também o fez em seu nome. Yurovski, Ermakov e Kabanov também se atribuíram o mesmo papel decisivo.

O depoimento seguinte de Medvedev serviu de base para o dossiê de Sokolov. Assim, vamos citá-lo na íntegra:

> Na noite de 16 de julho, assumi meu posto. Por volta das 20 horas, Yurovski ordenou que eu lhe trouxesse todos os revólveres, modelo Nagant. Pedi às sentinelas e aos outros guardas suas Nagant, doze ao todo, e as levei ao escritório do comandante. Ele disse: "Hoje fuzilaremos todos; avise ao destacamento que não se alarmem caso ouça tiros." Adivinhei que Yurovski falava de todos os detentos, *mas não perguntei quem tomara ou quando fora tomada a decisão de fuzilá-los*. Devo dizer que desde a manhã o ajudante de cozinha fora levado ao corpo da guarda da casa Popov.

A questão sobre quem ordenou a execução ocorria incessantemente tanto a Brancos quanto a Vermelhos. Em seguida, Medvedev descreveu a transferência da família imperial para o andar térreo da casa Ipatiev.

> No andar de baixo estavam acantonados os letões da "comuna letã", que chegara após a nomeação de Yurovski como comandante. Eles eram dez ao todo. Não conheço seus nomes.
> Às 22 horas, seguindo as instruções de Yurovski, avisei ao destacamento que não se alarmem caso ouça tiros.
> À meia-noite, Yurovski acordou os detentos.
> Uma hora depois, toda a família estava pronta. Antes de acordarem, haviam chegado à casa Ipatiev dois chekistas, um deles, como soube mais tarde, de nome Piotr Ermakov — o nome do outro eu ignoro.
> Às 2 horas, todos os detentos saíram de seu quarto: o tsar carregava Alexei nos braços. Ambos estavam de camisola e barrete. A imperatriz e suas filhas não tinham nem casaco nem chapéu. O imperador e seu filho caminhavam na frente, e atrás deles vinham a imperatriz e suas filhas, e depois o séquito. Yurovski, seu ajudante e os dois chekistas os acompanhavam. Eu estava lá.

Eles desceram até o pátio e depois entraram no andar térreo. Yurovski mostrou o caminho. Ele os conduziu até a sala ao lado do depósito e mandou trazer cadeiras. Seu ajudante trouxe três, que foram oferecidas ao imperador, à imperatriz e a Alexei. A imperatriz se sentou perto da parede, onde havia uma janela, perto da coluna. Atrás dela ficaram três de suas filhas. (Eu conhecia todas elas de vista, pois quase todos os dias as via durante a caminhada, mas não sabia direito o nome de nenhuma delas.) O imperador e seu filho se sentaram um ao lado do outro, quase no meio da sala. Botkin estava de pé atrás de Alexei. A criada (ignoro seu nome, era uma mulher alta) estava de pé, apoiada contra o batente da porta que dava para o depósito, e, a seu lado, estava a quarta grã-duquesa. Dois criados estavam do lado esquerdo da entrada, perto da parede que dava para o depósito.

A criada tinha uma almofada nas mãos. As grã-duquesas também haviam trazido pequenas almofadas. Elas colocaram uma sobre a cadeira da imperatriz e outra sobre a do tsarévitche.

Ao mesmo tempo, entraram na sala onze homens, e Yurovski me disse: "Vá até a rua para ver se não há ninguém e se é possível ouvir os tiros." Saí para o pátio e, antes de chegar à rua, ouvi detonações. Voltei imediatamente (haviam se passado dois ou três minutos) e vi o tsar, a tsarina, suas quatro filhas e o tsarévitche estendidos sobre o assoalho, tendo diversos ferimentos e com o sangue correndo livremente.

O médico, os dois criados e a criada também estavam mortos: quando cheguei, o tsarévitche ainda respirava e gemia. Yurovski se aproximou dele e atirou duas ou três vezes à queima-roupa.

A acusação contra o "judeu" Yurovski é um *leitmotiv* entre os Brancos. Após a execução, os cadáveres foram transportados até um caminhão. Medvedev afirmou não conhecer seu destino. Ele é encarregado de organizar o local do massacre.

Esse espetáculo e o cheiro de sangue me deram náusea. Antes da matança, Yurovski distribuíra as Nagant e também me dera uma, mas, repito, não participei da execução. Além de sua Nagant, Yurovski também tinha

UMA INVESTIGAÇÃO ARRISCADA 63

uma Mauser. Após o assassinato, ele me mandou encontrar homens para lavar o piso. Indo até à casa Popov, encontrei os chefes de posto Starkov e Dobrinin, que acorreram: "Nicolau II foi fuzilado?", perguntou Dobrinin. "Tem certeza de que outra pessoa não foi fuzilada em seu lugar? Você é responsável por isso." Afirmei que o tsar e todos os seus estavam mortos. Chamei de doze a quinze homens cujos nomes agora me escapam. Eles transportaram os cadáveres, usando padiolas feitas com lençóis estendidos sobre um trenó, até o caminhão estacionado diante da entrada da casa. Os cadáveres foram envolvidos em cobertores encontrados no depósito. O motorista do caminhão era Liukhanov, operário da fábrica Zlokazof. No caminhão subiram Piotr Ermakov e o outro tchekista. Não sei que direção tomaram nem o que fizeram dos cadáveres.

Lavamos o sangue da sala e do pátio e arrumamos tudo. Tudo estava terminado às 3 da manhã. Yurovski foi para seu escritório e eu, para junto de meus homens. Acordei às 9 horas da manhã e fui ao escritório do comandante. Ali estavam o presidente do Soviete Regional, Beloborodov, o comissário Goloschekin e Ivan Starkov, chefe do posto de serviço. Uma grande desordem reinava em todos os cômodos; toda a bagagem estava jogada aqui e acolá, as valises e malas estavam abertas, sobre todas as mesas havia montes de joias de ouro e prata.

Não me interessei pela questão de saber quem dispusera do destino da família imperial e em virtude de qual direito, simplesmente executei as ordens daqueles a quem servia.

Entre os líderes bolcheviques, Beloborodov e Goloschekin vinham frequentemente à casa Ipatiev.

Medvedev tomou parte ativa no assassinato ou foi unicamente um espectador, como deixa entender? Ao partir de Ecaterimburgo com os Vermelhos, ele deixou sua família em Sissert. Sua esposa, Maria, foi interrogada em 9 de novembro de 1918. Sua versão contradiz a de Medvedev:

A última vez que me encontrei com meu marido na cidade foi nos primeiros dias de julho [do antigo calendário]. Quando ficamos sozinhos, ele me explicou que alguns dias antes o tsar e seu séquito haviam sido massacrados. Nessa ocasião, ele não me deu nenhum detalhe. À noite, ele enviou seu destacamento à estação e no dia seguinte partimos juntos para casa, pois ele recebera uma licença de dois dias para distribuir dinheiro às famílias dos guardas vermelhos.

Quando chegamos em casa, Pavel me deu alguns detalhes sobre o assassinato. Ele disse que a família imperial foi acordada às 2 horas da manhã. Os detentos se levantaram, fizeram sua toalete, se vestiram e foram levados ao andar de baixo, onde foram colocados todos no mesmo cômodo. Lá foi lido um papel que dizia: "A revolução vai perecer, vocês também devem perecer!"

O fuzilamento começou em seguida; *meu marido também atirou*. Ele me disse que, de todos os operários de Sissert, somente ele tomou parte da execução.

Os cadáveres foram levados para longe na floresta e jogados em covas.

Ele me contou tudo isso muito tranquilamente. Durante os últimos tempos, ele se tornara difícil, não queria conhecer ninguém e deixara até mesmo de ter bons sentimentos por sua família.

Esse depoimento foi tomado três meses antes do de seu marido. Contrariamente ao que disse Medvedev, sua mulher declarou que ele também atirara nos Romanov. Além disso, ela acredita saber onde os corpos foram enterrados, em uma floresta situada não muito longe de Ecaterimburgo. Medvedev dizia ignorar o que se fizera dos cadáveres.

Esses testemunhos e outros, como o do general branco Dieterichs, citado anteriormente, são contraditos por documentos da mesma época publicados pelo historiador Nicolas Ross em 1987, em sua pesquisa sobre o assassinato dos Romanov. Desse modo, contrariamente ao que disse Dieterichs, Volkov, criado do tsar, não foi assassinado em 22 de agosto de 1918 perto de Perm, pois foi interrogado em 23 de agosto de 1919 pelo juiz Sokolov em Omsk e seu testemunho consta dos arquivos — a menos que se trate de uma farsa.[8] O mordomo Nagorni foi executado, como disse o general Dieterichs, mas em maio ou junho de 1918, por-

UMA INVESTIGAÇÃO ARRISCADA

tanto bem antes da execução dos Romanov. Quanto ao testemunho de Medvedev, ele foi "duplicado" posteriormente pelo de Yurovski, do qual há várias versões que diferem do texto de Medvedev em alguns pontos não essenciais.[9]

Em uma obra escrita em 1920 e dedicada a George Clemenceau, o comandante Lasies, da missão militar francesa, evocou, assim como o juiz Sergueiev, suas dúvidas quanto ao assassinato de toda a família Romanov. Nessa época, o boato sobre a execução de toda a família começava a circular.

Em 12 de maio de 1919, parti de Ecaterimburgo com o general Janin, um dos chefes da missão militar francesa na Rússia, e cheguei ao quartel-general do general Pepeliaiev. Disse a um de seus tenentes que passara pela casa Ipatiev, que haviam me contado sobre a morte do tsar e de sua família e que anotara em meu diário que "permanecia cético sobre os fatos tais como me haviam sido relatados".

— Se você duvida da morte da família imperial, você tem razão — respondeu ele.

E ele leu para mim uma carta de um dos membros de sua família: "Abril de 1919. O imperador está aqui! Como entender isso? Acho que você entenderá, como nós entendemos. Se isso se confirmar, a festa do Cristo será luminosa para todos nós e infinitamente alegre."

E outra carta, de alguns dias depois: "Nos últimos dias, recebemos confirmação sobre a saúde dos que amamos. Deus seja louvado."

Contudo, o subchefe do Gabinete Honorário do Conselho de Estado, antigo representante da missão militar francesa em Ecaterimburgo, Bolifraud, escreveu em carta de 24 de março de 1920: "Você me pediu que lembrasse da conversa que tivemos, em maio de 1919, na plataforma da estação de Ecaterimburgo. Eu acreditava de boa-fé no drama que me foi contado, embora jamais tenha obtido um testemunho direto. Só comecei a ter algumas dúvidas ao ler o relatório do magistrado instrutor."

Finalmente, observou Lasies após uma segunda visita a Ecaterimburgo, "acredito na morte do tsar". Mas suas dúvidas subsistiam quanto ao assassinato simultâneo de treze pessoas.

> "Esta noite, o imperador foi fuzilado." Essas palavras foram escritas em uma parede, em alemão. Se toda a família tivesse sido fuzilada, a inscrição provavelmente mencionaria o fato.[10]
> [...] Posso crer que os assassinos tenham conseguido sumir com um corpo, *mas é inconcebível que tenham conseguido sumir com treze!* E tampouco creio que eles possam ter sido enterrados, desenterrados e enterrados novamente em lugares diferentes, como afirma Kukhtenkov.
> — Não — disse o juiz —, eles foram queimados.
> Em seu relatório, o magistrado instrutor escrevera que, em breve, um dos autores do crime, um dos assassinos da família imperial, seria interrogado.
> — Muito bem — disse eu —, eis uma testemunha direta que deve ter feito revelações. O que ele disse?
> — Infelizmente — respondeu lugubremente o magistrado instrutor —, ele morreu de tifo sem ter revelado nada.

E então? Todos vivos, todos mortos? Queimados, destruídos com ácido ou ainda decapitados, como afirmou Essad Bey, pseudônimo do escritor e jornalista ucraniano Lev Nussimbaum? Ele recolheu em Moscou este testemunho do monge Iliodor, que partilhara da intimidade dos Romanov durante seu exílio forçado em Tobolsk:

> Certo dia fui ao Kremlin para uma reunião com Kalinin (presidente do Comitê Executivo dos Sovietes), a fim de discutir uma importante reforma religiosa. Quando passávamos por um corredor escuro, meu guia bruscamente abriu a porta de uma pequena sala secreta. Sobre a mesa, debaixo de uma redoma de vidro, estava a cabeça de Nicolau II. Ele tinha um ferimento profundo no olho esquerdo. Fiquei paralisado.

Segundo Essad Bey, a cabeça cortada teria sido levada a Moscou pela prostituta Gussevia,[11] amante de um dos pretensos assassinos, por ordem do Soviete dos Urais. Essa viagem na companhia da cabeça do tsar abalou os nervos da jovem, um pouco simplória. Ela perdeu a razão. No inverno, de pés descalços, com os cabelos ao vento e a roupa em farrapos, ela errava pelas ruas de Moscou, reunia uma multidão e contava que havia trazido a cabeça do coroado para a cidade santa da consagração. Ela foi fuzilada e, com ela, desapareceu o último traço de sua lenda.

Esse texto, que se diria saído de uma crônica dos tempos de Ivan, o Terrível, comporta alguns dos elementos que estruturam as lendas: a cabeça cortada, o corredor escuro, a prostituta, a perambulação, a loucura. Todavia, ele é corroborado por dois outros testemunhos, o do general branco Dieterichs e o de seu amigo Robert Wilton, o correspondente do *Times* que escreveu que "Yurovski levou todas as cabeças consigo quando partiu para Moscou".

Mas, se assim foi, a quem pertenciam os crânios pretensamente encontrados no bosque Koptiaki nos anos 1980?

A versão vermelha

Comparemos agora esses testemunhos com a ata estabelecida por Pavel Bikov, um dos membros do Soviete de Ecaterimburgo, que ordenou a execução do tsar. Essa peça-mestre dos Vermelhos foi editada em 1922 e então retomada e ampliada em 1926. Ela concorda com a versão do juiz Sokolov quanto ao essencial, mas diverge em alguns pontos significativos.

A questão dos Romanov e de sua execução foi apresentada na sessão do Soviete do fim do mês de junho. V. Khotinski, N. Sakovich e outros membros do Soviete, socialistas revolucionários de esquerda, se pronunciaram pela execução imediata.[12] A questão foi realmente decidida nos primeiros dias de julho e, no mesmo dia, a execução foi determinada pelo Praesidium do Soviete. O veredito foi executado na noite de 16 para 17 de julho.

Na sessão do Praesidium do Tsik [Comitê Executivo Central] de 18 de julho, Sverdlov informou a execução de Nicolau II. O Praesidium compreendeu todas as razões que levaram o Soviete dos Urais a fuzilar o ex-tsar e reconheceu que a decisão do Soviete fora fundamentada.

A organização da execução e a subsequente destruição dos cadáveres foram confiadas a um revolucionário experiente, que já combatera no front de Dutov, o operário da fábrica Verkh-Issetski, Piotr Ermakov. A execução tinha de ocorrer em condições tais que tornassem impossível a intervenção dos partidários do regime imperial. Foi por isso que se escolheu essa via.

Segundo os bolcheviques, somente quatro pessoas tomaram parte da execução. Em seguida, os corpos dos Romanov foram queimados na floresta.

Disseram à família imperial que eles precisavam descer do andar superior, onde viviam, até o térreo. Todos os Romanov desceram, ou seja, o ex-tsar; sua mulher; seu filho; suas filhas; o médico da família, Botkin; "Diadka", médico do herdeiro; e uma dama de honra que estava com eles. Eram aproximadamente 22 horas. Todos estavam vestidos, pois costumavam se deitar mais tarde.

Ali, em uma das peças térreas, eles foram colocados contra a parede. O comandante leu a pena de morte que fora pronunciada e acrescentou que sua esperança de serem libertados era vã; eles deveriam morrer.

Essa notícia inesperada os deixou aturdidos e somente o ex-tsar conseguiu dizer, como se fizesse uma pergunta: "Então, não seremos levados a lugar algum..."

A condenação foi executada com revólveres. Tomaram parte quatro homens entre os que foram encarregados dessa função.

Por volta da 1 hora da manhã, os corpos foram transportados para a floresta, na região da fábrica Verkh-Issetski, perto da aldeia de Palkina, onde, no dia seguinte, foram queimados.

UMA INVESTIGAÇÃO ARRISCADA

O fuzilamento passou despercebido, embora tenha ocorrido em pleno centro da cidade. Não se ouviu nada por causa do barulho do motor de um automóvel que fora colocado perto das janelas da peça onde ocorreu a execução. Mesmo o guarda não soube nada do que se passou e, dois dias depois, voltou a seu posto.

Posteriormente, a investigação conduzida pelos militares não conseguiu encontrar nada quando tentou procurar pelos cadáveres.

Os Romanov estavam vestidos quando foram fuzilados. Eles foram despidos para que os corpos fossem queimados. Em algumas das vestes havia joias costuradas. Uma parte delas caiu na fogueira.

Assim, segundo os Vermelhos, todos os Romanov foram executados. Yurovski, que na versão dos Brancos desempenhara papel central, não é sequer mencionado. Acima de tudo, insiste-se na influência dos socialistas revolucionários de esquerda, os mais determinados a eliminar o tsar e sua família.

Mais à frente, Bikov menciona a execução de Miguel, irmão do tsar, e dos grão-duques em Alapaievsk e acrescenta que, "nos documentos da época, não foram publicadas informações completas sobre a execução da família Romanov. Falou-se somente da execução do tsar e dos grão--duques, que, segundo as informações fornecidas, haviam fugido ou sido levados para longe, mas não se sabe por quem. Também se disse o mesmo sobre sua mulher, seu filho, suas filhas, enviados para local seguro. Isso não foi efeito da indecisão dos poderes locais em Perm ou em Alapaievsk. Eles haviam suprimido, de maneira clara, tudo o que era próximo ao trono autocrático".

São circunvoluções surpreendentes...

5. Uma hipótese inconfessável e sacrílega

O que causa espanto quando se confrontam as versões "branca" e "vermelha" sobre o extermínio dos Romanov, estabelecidas entre 1922 e 1924, é o fato de elas serem quase idênticas, à exceção de alguns detalhes.

Nos dois relatos, toda a família imperial foi assassinada durante a noite e seus restos mortais foram transportados para longe. Como no texto "branco", o chekista Piotr Ermakov desempenha papel central na versão bolchevique, mas não há menção ao "judeu Yurovski", o último comandante da casa Ipatiev, e os executantes são quatro, e não onze.

Nas duas versões, fica-se sabendo que Goloschekin, membro do Comitê Executivo do Soviete dos Urais, mas também do Comitê Militar, foi duas vezes a Moscou em junho de 1918. Retornando em 14 de julho, dois dias antes do assassinato, ele esteve presente durante a incineração dos corpos nos dias 18 e 19.

Duas constatações intrigantes:

- O texto "vermelho" permanece silencioso a respeito das afirmações dos dirigentes bolcheviques Chicherin, Litvinov, Radek e Zinoviev, que declararam que as filhas do tsar não foram executadas. "Nós fizemos crer que as filhas haviam sido colocadas em segurança, mas isso era apenas uma precaução para não dizer que todo mundo fora assassinado." O que significa esse "nós", e por que o desmentido?

• Os socialistas revolucionários de esquerda e os anarquistas do Soviete dos Urais são colocados em evidência. Eles "não estavam certos de que os bolcheviques fuzilariam o antigo tsar" e "decidiram agir por iniciativa própria". Por que insistir sobre a responsabilidade dos socialistas revolucionários de esquerda se os bolcheviques afirmam que fizeram o que queriam fazer?

A referência aos socialistas revolucionários, não mencionados no relatório branco, o silêncio sobre as declarações dos quatro líderes bolcheviques e, principalmente, a semelhança entre a tese de Brancos e Vermelhos justificam um desvio na narrativa.

O golpe de força dos socialistas revolucionários de esquerda

O que fazem aqui os socialistas revolucionários de esquerda?

De fato, eles haviam se dissociado de seu partido para se unir à Revolução de Outubro. Seus líderes, a célebre terrorista Maria Spiridonova, que, sob o tsarismo, encarnara o espírito revolucionário, Boris Kamkov e Natanson, o "avô da Revolução", haviam se juntado aos bolcheviques.

Embora não marxistas, eles tinham deixado de estigmatizar a política do líder do governo provisório Kerenski e viam no decreto sobre a terra de Lenin a realização de uma de suas aspirações.[1] Mas a situação se modificara desde outubro. E, durante o V Congresso dos Sovietes realizado no teatro do Bolshoi em Moscou, em 5 de julho de 1918, barulho e furor separaram os 352 socialistas revolucionários de esquerda dos 745 bolcheviques.

A origem da ruptura? Lenin dissera aos operários para se organizarem em brigadas, destacamentos que, *manu militari*, requisitariam cereais na área rural. Maria Spiridonova conduziu o ataque: "Eu os acuso de trair os camponeses, de usá-los para fins pessoais. Na filosofia de Lenin", diz ela, voltando-se para os socialistas revolucionários, "vocês são apenas o excremento, o estrume. Enquanto os camponeses forem humilhados, esmagados, oprimidos, vocês encontrarão em minha mão a mesma pistola, a mesma bomba que já fui compelida a usar para defendê-los". Ela é interrompida pelos socialistas revolucionários de esquerda, que a aclamam.

Além disso, assim como a esquerda do partido bolchevique, os socialistas revolucionários condenavam a conclusão do tratado de Brest-Litovsk, "essa traição do proletariado alemão" que, segundo Bukharin, transformara "nosso partido bolchevique em um monte de estrume".[2]

Contudo, se os comunistas de esquerda acabaram, embora "de coração partido", por se associar à paz concluída com a Alemanha em 3 de março de 1918, não se deu o mesmo com os socialistas revolucionários de esquerda. Para eles, o gosto pelo poder não vinha antes dos princípios. O sucesso da revolução mundial era mais importante que a salvaguarda do regime dos Soviets, embora eles fossem membros desde o mês de outubro.

Em seguida aos eventos do mar Negro,[3] o comitê central de seu partido tomara a resolução, em 24 de junho de 1918, no "interesse" da Rússia e da revolução internacional, de perpetrar uma série de atos terroristas contra "os principais representantes do imperialismo alemão". Alguns dias antes, fora exigida a partida do embaixador da Alemanha, Von Mirbach.[4] No dia seguinte à reunião do V Congresso dos Soviets, 6 de julho, Mirbach foi assassinado em Moscou por Blumkin, um socialista revolucionário.

Simultaneamente, Prochian e alguns outros socialistas revolucionários de esquerda encarceraram os dirigentes da Cheka (entre os quais Dzerjinski e Latsis) e fizeram suspender nas províncias todas as ordens assinadas por Lenin, Trotski ou Sverdlov, os três principais dirigentes do Estado soviético.

Os bolcheviques conseguiram vencer esse minigolpe de Estado, mas viram claramente que a população não era hostil ao atentado contra Mirbach. Blumkin, aliás, conseguiu escapar.[5]

Alguns dias mais tarde, o comandante do front do Volga contra os Brancos, um socialista revolucionário de esquerda, declarou guerra à Alemanha. Ele foi assassinado depois de uma reunião na qual pedira aos comunistas para se unirem a ele.

Em breve, grupos terroristas de socialistas revolucionários foram reconstituídos como na "grande época" tsarista e foi a vez de Eichhorn, comandante das tropas alemãs na Ucrânia, ser assassinado por Boris Donskoi, ao passo que, em 30 de agosto, Lenin escapou de um atentado perpetrado por outro socialista, Fanni Kaplan — o bolchevique Uritski foi morto durante o ataque.

Nesse contexto, os socialistas revolucionários de esquerda exigiam, entre outras coisas, a execução da família imperial. Os comunistas tinham motivos para estar inquietos: era sabido que o kaiser não permitiria o assassinato do imperador e de suas filhas, seus parentes de sangue alemão, sem reagir.

Assim, os bolcheviques de Ecaterimburgo teriam agido, mas para evitar o que os socialistas revolucionários de esquerda haviam programado: a execução de toda a família. Os bolcheviques, por sua vez, teriam assassinado o tsar e salvado secretamente as mulheres para que Guilherme II não retomasse a guerra.

Essa hipótese, que tentaremos verificar, explicaria por que os bolcheviques puderam afirmar insistentemente que todo mundo fora assassinado. Os alemães sabiam que os seus haviam sido poupados. Essa manobra se inscrevia em uma situação internacional muito delicada para os soviéticos.

UMA HIPÓTESE INCONFESSÁVEL E SACRÍLEGA 75

Como se apresentava o mapa da guerra

Enquanto trabalhava pela revolução europeia, com o proletariado alemão como primeiro objetivo, o regime bolchevique tentava, por vias diplomáticas, praticar uma política de báscula entre os dois campos em guerra.

De um lado, Ioffe, embaixador russo em Berlim desde o tratado de paz de Brest-Litovsk, transformou sua embaixada em quartel-general do projeto revolucionário; utilizando bicicletas, seus propagandistas distribuíam panfletos por todo o país — mas isso "não contribuía muito para o sucesso da revolução", como reconheceu Ioffe um pouco mais tarde.

De outro, os alemães se aproveitavam da fraqueza dos Vermelhos para violar, a sua maneira, o tratado de Brest-Litovsk. Da Ucrânia ocupada, eles passaram em breve para a Crimeia e para a Rússia central, malgrado as ações de guerrilha conduzidas por Voroshilov para impedi-los. Eles enviaram o general Von der Goltz para a Finlândia a fim de prevenir um desembarque inglês em Murmansk ou Arcanjo com o intuito de abrir um segundo front contra os Vermelhos. Enfim, no mar Negro, os alemães tentaram se apoderar da flotilha de Sebastopol, que fugira para Novorossisk para não ter de respeitar as cláusulas de Brest-Litovsk. Para escapar dos alemães, a flotilha preferiu se pôr a pique.

Essa situação se desenrolou entre abril e maio de 1918: o desembarque aliado em Arcanjo e Murmansk — inicialmente uma real ameaça de segundo front para os alemães — se tornou um perigo para os bolcheviques, em virtude de esses "aliados" apoiarem os Brancos. Paralelamente, os japoneses desembarcaram em Vladivostok em 5 de abril.

Para os bolcheviques, a ameaça principal mudara de campo. Durante uma intervenção no Soviete de Moscou em 4 de maio, Lenin salientou que os Sovietes agora controlavam um território pouco maior que a antiga Moscóvia e era preciso saber buscar apoio no campo mais apto a prevenir o desastre. Ele utilizou somente palavras veladas, mas esse sinal sutil de aproximação com a Alemanha teria pesadas repercussões.

O Partido Socialista Revolucionário lutava pelo alinhamento com os Aliados; os socialistas revolucionários de esquerda, pela autonomia revolucionária; e os mencheviques eram fundamentalmente contra a Alemanha, "líder da contrarrevolução".

Na Sibéria ocidental, os membros da Assembleia Constituinte, dissolvida em janeiro por Lenin e dominada pelo PSR, iniciaram outro front sobre o Volga, a partir de Samara, e, querendo ou não, aliaram-se aos contrarrevolucionários para criar um exército clandestino.

Um evento imprevisto permitiu reforçar o front antibolchevique da Sibéria: a revolução dos soldados tchecos, ex-prisioneiros da guerra austro-húngara. Trotski os autorizara a voltar para Vladivostok a fim de se unirem aos Aliados. Contudo, suspeitos aos olhos de muitos Sovietes mais ou menos bolchevizados que impediram seu caminho, eles organizaram um golpe de força e ocuparam Omsk com a ajuda de ferroviários mencheviques. Desse modo, o Exército Tcheco do general Gaida se tornou a única força verdadeiramente organizada a leste dos Urais. Em breve, seus homens retornaram sobre os próprios passos e, com os Brancos, marcharam sobre Ecaterimburgo.

No mesmo momento, exatamente em 6 de julho, Boris Savinkov, fundador da União pela Defesa da Pátria e da Liberdade, ocupou Iaroslavl. Esse antigo terrorista dos anos 1900, socialista revolucionário e depois ministro de Kerenski, unira-se ao general Kornilov durante o golpe fracassado de setembro de 1917 e depois aos Brancos durante a Revolução de Outubro.

GUERRA CIVIL, 1917–1921
Somente a área de Moscou permaneceu sob domínio soviético durante todo esse período

Savinkov estava ligado ao general Denikin, comandante das forças brancas no sul da Rússia, e, no norte, beneficiava-se do apoio dos serviços franceses, que, partindo de Arcanjo, deveriam ajudá-lo a marchar sobre Moscou. Ao passo que em Ijevsk uma greve geral organizada pelos mencheviques e socialistas revolucionários manifestava sua hostilidade pelos Vermelhos, estes retomaram Iaroslavl, para consternação da população, que organizara uma festa em homenagem a Savinkov: era grande a impopularidade do regime em muitas pequenas cidades da província. Nesse mesmo 6 de julho, como se viu, os socialistas revolucionários de esquerda, hostis a Brest-Litovsk, assassinaram o embaixador da Alemanha, Mirbach. Note-se que Iaroslavl, Ijevsk e Omsk estão situadas na mesma região de Ecaterimburgo, onde estava encarcerada a família imperial, e que todos esses eventos tiveram lugar entre junho e o início de julho de 1918.

"Por toda parte supuravam complôs", lamentou Trotski, comissário da Guerra. "O alto-comando alemão me informara, por intermédio de seu adido militar, que, se os Brancos avançassem sobre Moscou, o exército alemão marcharia sobre a capital, vindo do oeste por Orsha e Pskov, para impedir a formação de um novo front oriental. Estávamos entre o malho e a bigorna."

A "linha Trotski" apoiada nos ocidentais, que já sofrera insucessos, transformava-se em fracasso ameaçador. A ajuda tcheca, que deveria reforçar os Aliados e aproximá-los dos Sovietes, revelara-se um fiasco, pois as tropas tchecoslovacas eram agora aliadas dos Brancos. E o intervencionismo aliado assumia cada vez mais a aparência de uma cruzada antibolchevique.

Depois do assassinato de Mirbach, os alemães exigiram que um batalhão da Reichswehr assegurasse a proteção da embaixada em Moscou. Inadmissível, evidentemente.

Começou então uma negociação na qual estavam envolvidos os comissários das Relações Exteriores, Chicherin e Radek, e, sem dúvida, o presidente Sverdlov. Durante a negociação, foi considerada a libertação das filhas do tsar.[6] Os bolcheviques exigiram que, em troca,

UMA HIPÓTESE INCONFESSÁVEL E SACRÍLEGA 79

o revolucionário alemão Karl Liebknecht, encarcerado por Guilherme II, fosse libertado. Isso ocorreu no quadro da aproximação organizada secretamente para fazer face ao perigo crescente representado pelo cerco de todos os inimigos dos Sovietes — os socialistas, tanto do Partido Socialista Revolucionário quanto os de esquerda; o antigo terrorista Savinkov, associado aos Brancos; e, à frente de todos, os Aliados.[7]

Desse modo, a preocupação com a salvaguarda das princesas e da imperatriz de sangue alemão obedecia à necessidade de, por um lado, oferecer uma compensação a Berlim e impedir eventuais represálias e, por outro, evitar que os socialistas revolucionários de esquerda sabotassem as novas tentativas de negociação com a Alemanha ao executar membros alemães da família do tsar.

Se, em face do perigo de avanço dos tchecos, as autoridades de Ecaterimburgo puderam assumir por si mesmas a iniciativa de se livrar de Nicolau II, elas não podiam ignorar a necessidade de impedir a execução das mulheres da família imperial, que foi comunicada a Goloschekin, comissário da Guerra da região dos Urais, durante suas duas viagens a Moscou, entre o assassinato de Von Mirbach e a execução de Nicolau II.

Assim, a reviravolta política e o destino da família imperial tiveram seus caminhos cruzados, ao passo que, para os bolcheviques, a ameaça de um atentado socialista revolucionário de esquerda fazia aumentar a urgência por uma solução global.

Já no mês de maio, negociações germano-soviéticas haviam reunido em Berlim o embaixador russo Ioffe, o bolchevique Larin e o industrial ex-militante Krassin. Tratava-se de assuntos econômicos, mas rapidamente foi apresentada a ideia de convidar os alemães da Finlândia para combater os ingleses de Murmansk. Chicherin, consultado, determinou que russos e alemães deveriam apenas "agir paralelamente, por causa da opinião pública".

Em 24 de junho, Ioffe, em Berlim, perguntou a Lenin "o que seria feito do tsar". A Richard Kuhlmann, secretário do ministério alemão das Relações Exteriores, que evocara a questão, Ioffe respondeu que não tinha "nenhuma informação". "Não duvido de que ele seja assassinado", acrescentou em carta a Lenin, "pois, nos Urais, todo mundo é germanofóbico". "Isso causará grande dano", advertiu Kuhlmann. "Seremos inocentes, mas a culpa recairá sobre os alemães." Era preciso, a qualquer custo, explicou Ioffe a Lenin, "mostrar nossa não participação. Isso é absolutamente indispensável".[8]

Em 27 de junho, ao saber que Lenin recusara a possibilidade de um eventual processo contra Nicolau II, cujo resultado seria indubitável, o comandante Berzin perguntou "o que deveria fazer com o tsar". "É necessário que a família seja colocada sob sua inteira proteção. É um pedido meu e você cuidará pessoalmente para que nada aconteça aos Romanov."[9]

Em 4 de julho, Lenin desmentiu os rumores sobre a morte do tsar. Alguns dias mais tarde, o comunicado sobre a execução de Nicolau II, esclarecendo que "sua esposa e filhos" estavam em segurança, foi expedido em Ecaterimburgo.

Em 20 de julho de 1918, Kurt Riezler, conselheiro da embaixada alemã em Moscou, teve uma entrevista com Karl Radek, representante do poder bolchevique em Berlim, juntamente com Ioffe: "Disse ontem a Radek e a Vorovski [embaixador soviético em Estocolmo] que a morte do tsar teria consequências graves e ele respondeu que ela estava ligada à ameaça de uma intervenção tchecoslovaca." Radek acrescentou que "em caráter pessoal, no que diz respeito às damas da família imperial que possuem sangue alemão, talvez pudéssemos pensar em uma partida liberatória; do mesmo modo para o tsarévitche e para sua mãe, da qual ele não pode ser separado, como compensação e com argumentos bem fundamentados".

E, em 21 de julho, Ioffe telegrafou ao comissário das Relações Exteriores Chicherin, dizendo que o conselheiro da embaixada, Von Busch, protestara contra a expressão "imperialismo fora da lei", utilizada por Sverdlov durante seu anúncio da morte de Nicolau II. Ele solicitara oficialmente a proteção da ex-tsarina e de seus filhos. "Não respondi, por não conhecer a situação", acrescentou Ioffe, "e disse que levaria em consideração o que ele me dissera".[10]

UMA HIPÓTESE INCONFESSÁVEL E SACRÍLEGA 81

Que impacto poderiam ter essas negociações com a Alemanha e essas tomadas de posição na situação em Ecaterimburgo? Isso significa que a iniciativa da execução emanou das autoridades regionais, e somente delas? Segundo o historiador Ioffe, o mais bem informado sobre o conteúdo dos arquivos abertos durante a Perestroika no fim dos anos 1980, parece que os dados são ainda mais complexos.

Na Rússia dos Sovietes de 1918, depois de apenas nove meses da Revolução de Outubro, a centralização do poder ainda não era aquela dos anos 1930. Nos Urais, assim como alhures, era grande a autonomia dos Sovietes, mesmo os bolchevizados. Como a guarda de Nicolau II lhes fora confiada, os comunistas dos Urais consideravam sua a prerrogativa de decidir sobre seu eventual destino, uma vez que a decisão central não fizera mais que ordenar seu deslocamento. Também se sabe — como revelado pelo caso Iakovlev — que havia cizânia entre os dirigentes de Ecaterimburgo e os da região de Tobolsk.

Com os tchecoslovacos se aproximando e uma decisão se tornando urgente, escreve Ioffe, "o povo dos Urais teve a última palavra. Em primeiro lugar, eles eram os que melhor conheciam a real situação local. Em seguida, informaram a Sverdlov que estavam prontos para assumir plena responsabilidade por seus atos no que se referia ao destino dos Romanov; desse modo, salvavam Moscou de ter de tomar uma decisão politicamente comprometedora".

Essa conclusão parece ainda mais razoável porque, oito dias após os eventos de Ecaterimburgo, em 25 de julho de 1918, os tchecos entraram na cidade. Mas, em função de Goloschekin, que fora duas vezes a Moscou, os dirigentes de Ecaterimburgo não puderam ignorar o risco de executar as alemãs.[11]

Primeiras respostas a nossas perguntas

Desse modo, a insurreição dos socialistas revolucionários de esquerda que acompanhou o assassinato do embaixador alemão Mirbach em 6 de julho de 1918 *acelerou* as discussões sobre o destino reservado aos Romanov e, sobretudo às "alemãs", à medida que se definia a ameaça de cerco pelos Brancos.

Na realidade, desde o início do mês de julho, as relações com Guilherme II haviam evoluído, a aproximação se definira e Lenin dissera claramente ao general Berzin que ele "responderia pela vida" dos Romanov com a sua própria. Em face da urgência, as autoridades de Ecaterimburgo, informadas sobre os dados globais da situação, decidiram executar o tsar, mas simular o assassinato do restante da família e evacuar as alemãs e o tsarévitche "para local seguro".

Tratava-se de negociações secretas. Relatar em 1922 as palavras, publicadas unicamente na imprensa internacional, de Chicherin, Radek ou Zinoviev, dirigentes bolcheviques que afirmaram que a família não fora executada em Ecaterimburgo, teria realimentado a tese de traição da revolução europeia por parte de Lenin. Como demonstraram os documentos aqui apresentados, desde o assassinato de Von Mirbach, e antes que se definisse a ameaça tchecoslovaca sobre as alemãs, a aproximação com a Alemanha já estava consumada.

A imperatriz e suas filhas puderam ser salvas graças a um acordo entre os bolcheviques e o "imperialismo alemão" — eis uma hipótese inconfessável que apresentei anteriormente e que acabou por se verificar.

Mas essa hipótese era sacrílega unicamente para os Vermelhos?

Em carta de 1º de julho de 1918, o grão-duque Nicolau Mikhailovich relatou ao historiador Frédéric Masson que, em 14 de maio, os alemães conseguiram libertar do cárcere soviético a antiga imperatriz, mãe de Nicolau II, mas ela recusara sua proposta de ser conduzida sob sua proteção até a Dinamarca: "Prefiro ser morta pelos russos a ser libertada pelos alemães."

Para os Brancos, o resgate dos Romanov pelos alemães confirmava todas as alegações a respeito das relações que uniam o *entourage* da tsarina ao inimigo. Após a derrota de Guilherme II, a família, salva ao mesmo tempo pelo kaiser e pelos bolcheviques, os "dois inimigos do gênero humano", foi marcada pelo opróbrio junto aos vencedores da Grande Guerra.

6. Mortos ou sãos e salvos?

Viu-se que os bolcheviques queriam evitar que os socialistas revolucionários de esquerda assassinassem a imperatriz e suas filhas e que, em conivência com os alemães, elaboraram planos para salvá-las. Essa hipótese, entretanto, não permite saber o que aconteceu à família imperial nesse meio-tempo e se somente Nicolau II foi executado.

A pista de Perm

O dossiê do czar, obra de dois jornalistas da BBC, Anthony Summers e Tom Mangold, desconhecidos no batalhão de historiadores consagrados, abriu em 1976 uma rota cheia de promessas para responder às questões apresentadas.

Após uma busca de vários anos, os dois descobriram em Harvard a existência do dossiê de instrução relativo ao fim dos Romanov,[1] o mesmo do qual o juiz Sokolov, encarregado do inquérito pelos Brancos, retirara sua obra: eles constataram que, em sua *Enquête judiciaire sur l'assassinat de la famille impériale russe* [Inquérito judicial sobre o assassinato da família imperial russa], publicada em 1924, Sokolov sistematicamente eliminara todas as peças que poderiam indicar a sobrevivência da imperatriz e das filhas do tsar.

Eles demoliram sua argumentação e demonstraram, sem o dizer, que o juiz até mesmo cometeu falsificação, ao citar como prova da execução das princesas durante uma pretensa tentativa de fuga um telegrama que se revelou falso: "Diga a Sverdlov que a família teve o mesmo destino de seu chefe. Família oficialmente morta durante execução."[2]

Acima de tudo, Summers e Mangold provaram que, após a execução do tsar, a família imperial foi levada a Perm, cidade situada entre Moscou e Ecaterimburgo, então nas mãos dos Vermelhos, e que o juiz Sokolov subtraiu de sua obra as peças que relatavam esse fato.

Ora, todas essas peças foram publicadas em 1987 pelo historiador Nicolas Ross, na Alemanha, sob o título *Guibel Tsarskoï Semi* [O assassinato da família imperial].[3] Em "volume", o inquérito de Sokolov corresponde a apenas um quarto do dossiê publicado por Ross.

Nele se descobre que, em 20 de julho, alguns dias após a execução de Nicolau II, os comunistas de Ecaterimburgo informaram a Moscou que patrulhas inimigas já se encontravam nos bosques, perto da cidade que em breve cairia. No encontro operário realizado no teatro da cidade, Goloschekin,[4] membro do Comitê Executivo dos Urais, não tentou esconder a verdade: "Os lacaios dos imperialistas franceses e ingleses estão próximos. Os velhos generais tsaristas estão com eles e os cossacos também se aproximam. [...] Eles acham que recuperarão seu tsar. Jamais o farão. Nós o fuzilamos."

Não houve aplausos, mas sim um silêncio eloquente. Então Goloschekin evocou a memória de Nicolau, "o Sangrento", e propôs uma resolução que destacasse que a execução era uma advertência à contrarrevolução burguesa e monarquista.

Os operários no salão manifestaram certo ceticismo. "Mostre-nos o corpo", gritaram. Goloschekin respondeu somente que "a família do tsar foi levada para longe de Ecaterimburgo".

O anúncio da morte do tsar não suscitou nenhuma reação no país. Em Ecaterimburgo, todavia, corriam boatos sobre a imperatriz e suas filhas. Eles foram transcritos pelos primeiros investigadores, mas Sokolov

MORTOS OU SÃOS E SALVOS? 85

os escamoteou. O juiz até mesmo produziu uma falsa prova material. Em 1920, teria sido encontrado, em uma vala perto de Ecaterimburgo, o cão de Tatiana e Anastasia, Jenny. Mas como explicar que, onze meses após o massacre, seu corpo ainda estivesse intacto?

Os três documentos que se seguem são contemporâneos aos eventos e falam da remoção dos Romanov para Perm após o anúncio de sua execução.

O primeiro documento é contraditório: ele dá a entender que somente o tsar está morto, mas uma testemunha acha que as notícias afixadas nos muros de Ecaterimburgo "dizem besteira". Ele mostra, em todo caso, que ocorreu uma viagem de trem. Trata-se do testemunho do cabeleireiro Fiodor Ivanovich Ivanov, recolhido em 13 de dezembro de 1918:[5]

> Possuo um salão de beleza na nova estação de Ecaterimburgo e lembro muito bem que, um ou dois dias antes de os bolcheviques anunciarem a execução de Nicolau, o comissário da estação, Guliaiev, disse que tinha muito trabalho pela frente.
> — Que trabalho?
> — Hoje levamos Nicolau...
> Como havia muita gente por perto, não ousei perguntar para onde. À noite, falei novamente com ele, pois não havia nenhum trem na estação, e ele respondeu que este partiria de Ecaterimburgo II, mas não me deu nenhum detalhe.
> No dia seguinte, encontrando o comissário do Exército Vermelho, Kucherov, perguntei a ele:
> — É verdade que o tsar partiu da estação II?
> — É verdade.
> — Para onde?
> — Por que você quer saber?
> Encontrando Guliaiev, perguntei a ele qual era o destino de Nicolau.
> — Ele já é *xalymuz* (*Kaput*)?
> — O que isso quer dizer?
> Ele disse: "Está tudo terminado"; e com essa resposta entendi que fora assassinado.

Dois dias mais tarde, encontrei os dois no refeitório e perguntei o que significava o cartaz; eles responderam:
— As pessoas escrevem besteira.
Perguntei ao marinheiro Grigori, com quem me encontrava frequentemente:
— Então eles foram fuzilados?
— Duvido...
— Foram levados para algum lugar?
— Eles saíram vivos da cidade.
Mas ele não disse para onde.
Havia um grande silêncio, ninguém falava da família e eu tinha medo de fazer muitas perguntas.

O segundo testemunho, que tampouco consta da versão vermelha, é de certa Zinaida Andreievna Mikulovta, amante de um membro da Cheka (recolhido por volta de 9 de agosto de 1918). Ela menciona o destino do trem no qual se encontrava a família imperial após a morte do tsar:[6]

Eu tinha uma ligação íntima com K. Konevcev, da Cheka. Eu não gostava dele, mas me entregava a ele fisicamente. Como não me interessava por seus assuntos bolcheviques, não perguntava sobre seus segredos. Lembro que, um ou dois dias após o anúncio do assassinato do tsar, por volta das 16 horas, ele veio até minha casa e disse que os bolcheviques haviam matado o tsar. Ele tinha lágrimas nos olhos e escondia o rosto de mim. Quando o questionei, ele respondeu que eles o haviam enterrado longe e que seu corpo recebera 52 balas. Ele disse que a família partira para Nev'jansk. Dizia-se que o herdeiro estava morto. No dia seguinte, ele partiu, como disse, para Perm, com o ouro.

O terceiro testemunho foi descoberto pelos jornalistas Summers e Mangold nos Arquivos Ingleses; trata-se de um relato do alto comissário para a Sibéria, Sir Charles Eliott. Segundo ele, houve apenas cinco vítimas em 16 de julho de 1918: o tsar, o dr. Botkin e os criados. Ele

MORTOS OU SÃOS E SALVOS?

afirma igualmente que, em Ecaterimburgo, todo mundo achava que a imperatriz e suas filhas haviam sido levadas para outra cidade:

A posição das balas encontradas permite supor que as vítimas foram executadas de joelhos e outras balas foram disparadas depois de terem caído por terra. Elas devem ter desejado se ajoelhar antes de morrer. Pode-se supor que houve cinco vítimas, entre as quais o tsar, o dr. Botkin, a criada da tsarina e dois servidores. Nenhum corpo foi encontrado, apenas um dedo do dr. Botkin, em um poço. No dia 17, um trem com as cortinas arriadas deixou Ecaterimburgo com destino desconhecido; supõe-se que nele se encontravam os sobreviventes da família imperial. Não havendo nenhuma evidência contrária, nada exclui a possibilidade de o tsar estar vivo. Não obstante, é opinião dominante em Ecaterimburgo que a imperatriz, seu filho e suas quatro filhas não foram assassinados, tendo partido em direção ao norte ou oeste. A história que se conta, de que eles foram queimados, é uma fábula originada no fato de que foram encontrados restos carbonizados de suas vestes, com um diamante costurado no forro, assim como fios de cabelo de uma das princesas. É provável que a família imperial tenha sido obrigada a se disfarçar antes de ser removida. Não pude obter uma única indicação sobre seu destino em Ecaterimburgo, mas o que se diz sobre a morte dos duques e das duquesas inspira apreensão.[7]

Parece estabelecido que os Romanov partiram de trem, esse "trem do ouro" que transportava para Perm os lingotes dos bancos de Ecaterimburgo, com a evacuação completa das riquezas da cidade estando programada para alguns dias mais tarde.

As filhas da imperatriz chegaram a pé à estação, separadamente, para não chamar a atenção, e vestidas de maneira casual para não serem identificadas. Mas nem o tsar nem Alexei estavam presentes.

Um testemunho, um único, diferente da vulgata, relata muito precisamente como foi a "verdadeira" execução do tsar e seus desdobramentos.

Ele está assinado "Domnin", um dos servidores do tsar. É datado de março de 1919. Segundo esse testemunho, no fim da tarde de 15 de julho de 1918, Nicolau II foi convocado pelo Soviete dos Urais, que lhe informou que ele seria fuzilado à noite. O restante da família foi poupado:

> Nos primeiros dias de julho, aviões começaram a sobrevoar a cidade, voando baixo e lançando bombas que não causaram danos. Ao mesmo tempo, cresciam os rumores de que os tchecoslovacos se preparavam para tomar a cidade. Em uma dessas noites, voltando de seu passeio habitual pelo jardim, Nicolau pareceu especialmente transtornado: depois de rezar diante da imagem de Nicolau, o Taumaturgo, ele se jogou sobre a cama sem se despir; ele jamais agira assim.
> — Permita que eu o dispa — disse a ele.
> — Não se incomode, estou com o coração pesado e sinto que não viverei por muito tempo. Talvez hoje...
> O ex-tsar não terminou a frase.
> — Que Deus esteja com você — respondi.
> E ele me contou que, durante seu passeio, recebera informações sobre a reunião do comitê dos cossacos e dos soldados dos Urais, que decidiria seu destino; nessa reunião fora dito que ele se preparava para fugir com os tchecoslovacos ou que agora os tchecos queriam tomá-lo das mãos dos Sovietes. "Não sei o que pode acontecer", concluiu Nicolau.

"Domnin" relata em seguida a conversa entre o tsar e seu filho e a chegada de um comissário:

> O tsar estava sob vigilância cerrada; ele não podia comprar jornais nem mesmo sair, salvo para seu curto passeio. [...] Durante todo esse tempo, o tsarévitche estava doente. Nesse dia, ele entrou precipitadamente no quarto do pai e, chorando e soluçando, jogou-se em seu colo:
> — Papai, eles querem fuzilar você.
> — Fique calmo, por Deus — respondeu Nicolau. — Onde está sua mãe?

Ольга, Алексей, Анастасия, Татьяна в парке Александровского дворца. Царское Село, апрель—май 1917 г.

Olga, Alexis, Anastasia et Tatiana, été 1917 à Tsarskoië Selo

1. Verão de 1917. Olga, Alexei, Anastasia e Tatiana em prisão domiciliar.

WHERE THE EMPEROR OF RUSSIA WAS MURDERED: THE HOUSE AT EKATERINBURG.

2. A casa Ipatiev, em Ecaterimburgo, onde se afirma que a família Romanov foi assassinada. Essa residência burguesa no centro da cidade foi destruída em 1978, na administração de Boris Ieltsin e Iuri Andropov, presidente da KGB.

3. As escavações arqueológicas de 1991, perto de Ecaterimburgo, durante as quais foram encontrados restos mortais. A identificação dos mortos foi intensamente controversa.

4. O suposto local de execução, no andar térreo da casa Ipatiev em Ecaterimburgo, nos Urais. As paredes estão crivadas de balas. Mas quem foi realmente executado nesse cômodo em 16 de julho de 1918?

5. O inquérito: o juiz Sokolov, que, em 1924, estabeleceu a versão oficial segundo a qual todos os Romanov foram executados pelos bolcheviques em 16 de julho de 1918.

6. Anna Anderson em 1928. Nos anos 1920, ela afirmou ser Anastasia Romanov. Membros da família imperial a reconheceram em diversas ocasiões. Mesmo assim, ela perdeu o processo de reconhecimento de filiação nos anos 1960.

7. A grã-duquesa Maria (no centro) e a grã-duquesa Olga por volta de 1958, diante do hotel Eden Roc, em Antibes. As duas irmãs se reencontraram quarenta anos depois da tragédia de Ecaterimburgo.

8. A procissão religiosa que celebrou com grande pompa o retorno dos supostos restos mortais dos Romanov a São Petersburgo em 1998. Os descendentes da família imperial não quiseram comparecer.

9. Cartaz de julho de 1918 anunciando a execução de Nicolau II. Lê-se, ao final, que "a mulher e o filho de Nicolau Romanov foram levados para local seguro".

Июль 1918?

Разстрѣлъ Николая Романова.

Въ послѣдніе дни столицѣ Краснаго Урала Екатеринбургу серьезно угрожала опасность приближенія Чехо Словацкихъ бандъ, въ тоже время былъ раскрытъ новый заговоръ контръ-револющіонеровъ имѣвшихъ цѣлью вырвать изъ рукъ совѣтской власти Коронованнаго палача. Въ виду этого Уральскій областной комитетъ постановилъ разстрѣлять Николая Романова, что и было приведено въ исполненіе шестнадцатаго іюля. Жена и сынъ Николая Романова въ надежномъ мѣстѣ.

Всероссійскій Центр. Испол. Комит. признал рѣшеніе Уральскаго областного совѣта правильнымъ.

10. Jornal *Il Tempo*, 1983: "O Vaticano sabia que a tsarina e suas filhas estavam vivas." Além disso, o jornal *Mercurio*, de 19 de maio de 1989, menciona que o embaixador da Rússia em Berlim declarou que as quatro filhas do tsar puderam ser salvas em troca da libertação do revolucionário Karl Liebknecht.

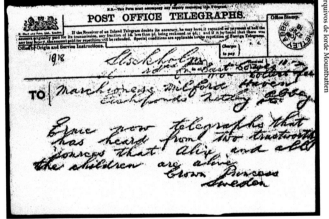

11. Telegrama enviado pela princesa herdeira da Suécia à princesa Vitória, irmã da imperatriz Alexandra, dois meses após o pretenso massacre. Nele, está escrito: "Ernie [o irmão da tsarina] acaba de telegrafar dizendo que ouviu de duas fontes de toda confiança que Alix [a imperatriz] e todas as crianças estão vivas." A data do telegrama figura no carimbo no alto à direita: 27 de setembro de 1918.

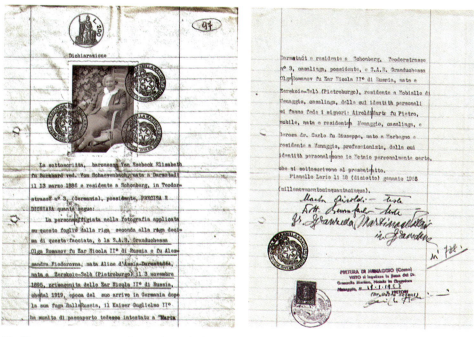

12. Documento atestando a identidade de Olga Romanov, que se tornou Marga Boodts em função dos cuidados de Guilherme II, seu padrinho. Ele foi firmado por um notário de Como, na Itália, diante de testemunhas, em 19 de janeiro de 1955. Sua existência foi amavelmente comunicada ao autor por Marie Stravlo.

Arquivo de Alexis de Durazzo

[1]
Bruxelles le 10 février
1970
Pour mon petit fils Alexis
& mes deux filles Beata et
Yolande. Pour ouvrir dans
10 ans. Je déclare ici que
mon beau-père a Di Fonzo
Tchapskoya aux yeux de la
loi en Europe Occidentale.
J'ai vécu depuis 1920 sous une
fausse identité pour ma
sauvegarde. Née à Peterhof
le 14 juin 1899, Marie
Nicolaevna, fille de Leurs
Majestés. Le matin du 6

[3]
de mon époux légitime Pr.
Nicolas Dolgorouky et
Di Fonzo qui est cette
identité étendue à ma
personne par l'ordre de la
Reine Eléna en 1920.
N'ayant plus de nouvelles de
ma sœur Tatiana et de m[a]
sœur Olga N. n'ayant pas
de descendance in loco et en
qualité d'Héritière
naturelle au Trône. J'
institue comme légataire
universel à mon unique
petit-fils, fils de ma
fille aînée Beata,
Alexis
en le nommant comme

[4]
mon seul successeur
à tous mes droits
avec le nom patronyme
Romanov Dolgorouky
pour lui seul et sa
descendance, comme
tsarévitch grand Duc
Bruxelles
le 10 février 1970
Marie N.
(L. Di Fonzo)
Dolgorouky

[2]
octobre 1918, dans la ville
Perm où nous étions depuis
le 19 juillet. Ma Mère et m[es]
3 sœurs, nous avons été
séparées l'une de l'autre
et conduites dans le train.
Je suis arrivée à Moscou
octobre 18, où George B.
Tchitcherine, cousin du Comte
Tchapski m'a confiée au
représentant ukrainien sou[s]
le nom Tchapski pour
partir dans le train militai[re]
pour Kiev. J'ai été
protégée à Kiev par le
general Prince Alexandre
N. Dolgorouky commandan[t]
de l'Ukraine et père

13. Testamento privado da grã-duquesa Maria redigido em 1970. O texto foi transcrito na p. 104. Note-se que Chicherin, comissário das Relações Exteriores, era parente da imperatriz.

— Chorando.
— Vá consolá-la.
Nicolau se ajoelhou e começou a rezar.
Nessa noite, 15 de julho, o comissário da guarda entrou e disse:
— Cidadão Nicolau Alexandrovich Romanov, você deve vir comigo para a sessão do Soviete.
— Diga claramente — respondeu o tsar — que você veio me buscar para me fuzilar.
— Não, não tema — disse o comissário, sorrindo —, sua presença é exigida no Soviete.
Nicolau se levantou da cama, vestiu a camisa militar, as calças, o cinturão e saiu com o comissário.
[...] Ele voltou depois de duas horas e meia, lívido, e seu queixo tremia nervosamente.
— Me dê um copo d'água — disse ele.
Trouxe a água e ele a bebeu de um gole só.
— O que houve?
— Eles disseram que, em três horas, serei fuzilado.

Segundo o testemunho, os bolcheviques tomaram a decisão de matar o ex-tsar da Rússia porque temiam um complô contrarrevolucionário:

> [...] Na sessão da qual Nicolau II participou foram lidos todos os detalhes relativos ao complô contrarrevolucionário, fomentado por uma organização secreta chamada Defesa da Pátria e da Liberdade. Mostrou-se que essa organização se esforçava para enfraquecer a revolução operária e campesina, excitar as massas contra o poder dos Sovietes e acusá-los por todos os infortúnios da época, incluindo o avanço das tropas alemãs. A organização agrupava todas as facções não soviéticas, dos socialistas aos monarquistas. À sua frente se encontrava um amigo do tsar, o general Dogert. Também estavam na organização os círculos ditos operários do príncipe Kropotkin, o general Sukart e o engenheiro Il'insky. Suspeitava-se que Savinkov tivesse parte na

organização e fosse colocado na liderança do governo como ditador militar. [...] Nos últimos tempos, um novo complô, liderado pelo general Dutov, deveria libertar os tsares etc.

Em face de todos esses fatos e da decisão de evacuar Ecaterimburgo, o Soviete decidiu executar Nicolau Romanov sem demora.

— Cidadão Nicolau Romanov — disse o presidente —, você tem três horas para deixar suas coisas em ordem. A guarda o manterá sob vigilância.

"Domnin" relata em seguida a dilacerante despedida de Nicolau Romanov e sua família:

> Em seu retorno, Alexandra e o tsarévitche vieram vê-lo, aos prantos. A tsarina desmaiou e o médico foi chamado. Quando voltou a si, ela se jogou aos pés dos soldados e implorou clemência. Mas os soldados responderam que isso não estava em seu poder.
> — Por favor, Alice, pelo amor de Deus, acalme-se — disse Nicolau com voz suave.
> Ele abraçou a esposa e o filho e me chamou, dizendo, após ter me abraçado:
> — Meu velho amigo, não abandone Alexandra Fiodorovna nem Alexei. Você sabe que não tenho mais ninguém e não haverá ninguém para ajudá-los quando me levarem.
> À exceção deles, ninguém veio se despedir do tsar. Eles ficaram sozinhos até a chegada do presidente do Soviete, acompanhado de cinco soldados e dois operários.
> — Ponha seu casaco — disse o presidente ao tsar.
> Nicolau seria executado em outro local, por vinte soldados do Exército Vermelho.
> Nicolau se manteve senhor de si e começou a se vestir. Mais uma vez abraçou a esposa, o filho e esse seu servidor e, dirigindo-se aos recém-chegados, disse:
> — Estou a sua disposição.

A tsarina e Alexei tiveram uma crise histérica e, quando corri para ajudá-los, o presidente disse:
— Faça isso mais tarde, não agora.
— Permita-me seguir meu mestre.
— Não, ninguém pode acompanhá-lo.
Eles o levaram para não sei onde e ele foi fuzilado por vinte soldados do Exército Vermelho.
Antes da aurora, ou seja, ainda durante a noite de 15 de julho, o presidente do Soviete retornou com alguns soldados, o médico e o comissário da guarda. Eles foram até o quarto do tsar e o doutor cuidou da tsarina e do tsarévitche, que estavam inconscientes. Então o presidente perguntou:
— Podemos levá-los agora?
— Sim.
— Vamos levá-los — disse o presidente. — Arrumem suas coisas, somente o indispensável, trinta a quarenta livros. [...]
Enquanto eles se preparavam, ele me disse:
— Eles levarão a tsarina e seu filho de carro, não sei para onde.[8]

Esse texto foi publicado por Akkerman, correspondente do *New York Times*, no número 31 do *Vestnik-Mandchouri*. Ele relata que, após a execução de Nicolau II, a família imperial foi transportada para local desconhecido. Foi o historiador Nicolas Ross quem o reproduziu pela primeira vez em russo, em 1987. Mas Ross o refutou imediatamente, pelo fato de "não haver aviões sobre Ecaterimburgo nessa data", contrariamente ao que dá a entender a testemunha. Marina Grey, que publicou *Enquête sur le massacre des Romanov* [Investigação sobre o massacre dos Romanov], também o julga fantasioso, uma vez que está assinado por "Domnin", que seria o pseudônimo de Chemodurov.[9] Ora, esse velho servidor do tsar, se é que realmente era ele, estava doente e em tratamento no hospital da prisão há várias semanas. Assim, não poderia estar no local, a menos que tivesse saído para um passeio e então retornado ao hospital, escapando do destino dos outros servidores do tsar.

Essa querela sobre a identidade da testemunha não torna o testemunho inadmissível — pode se tratar de outra pessoa presente à cena —, salvo que, até onde sabemos, não existe evidência de que a sentença do Soviete tenha sido pronunciada na presença de Nicolau II, à exceção de um testemunho indireto do cônsul inglês Preston, que estava alocado em Ecaterimburgo.

Feitas essas reservas, pode-se julgar que os fatos relatados corroboram o que foi estabelecido pelas outras peças do inquérito. Mas trata-se de um único testemunho.

O que aconteceu ao tsarévitche?

Tampouco se tem certeza sobre a situação do tsarévitche, a respeito do qual sabemos apenas que não partiu com a mãe e as irmãs para Perm.

Todas essas peças deixam sem resposta a questão sobre o destino de Alexei. O que aconteceu ao tsarévitche? Segundo certas versões, ele teria sido fuzilado; segundo outras, mais recentes, teria fugido. Essa última afirmação foi notadamente sustentada, nos anos 1990, por três cientistas soviéticos: Vadim Petrov, Igor Lissenko e Gueorgui Egorov, respectivamente médico-legista, físico e químico de altas temperaturas.[10]

Eles conhecem o dossiê sobre a morte dos Romanov, mas não são historiadores. Sua convicção é de que certo Vassili Filatov, encontrado pelos soldados, era de fato Alexei. Seu filho Oleg Filatov teria testemunhado sobre seus antepassados nos anos 1980.

Segundo esses pesquisadores, transportado na traseira do caminhão vindo da casa Ipatiev e estendido em meio aos mortos e feridos que seriam enterrados, o jovem Alexei aproveitou uma parada do veículo em uma espécie de cruzamento ferroviário para se esgueirar ao longo do caminhão, escapar e, seguindo a via férrea, chegar até a pequena estação de Chartach.[11] Lá, foi encontrado por dois soldados encarregados precisamente de procurá-lo, já que havia desaparecido: eles o esconderam e cuidaram dele, por humanidade ou devoção, antes que um dos dois o adotasse, dando-lhe o nome de Filatov, uma vez que seu próprio filho morrera de gripe espanhola.

O que dá alguma substância a essa versão é o fato de que os cuidados praticados empregaram as mesmas plantas que teriam sido utilizadas por Rasputin — que era originário precisamente dessa região. Do mesmo modo, os pesquisadores creem poder afirmar que, quando hemofílicos sobrevivem, podem ter filhos, embora tardiamente. Ora, esse Vassili teve seu filho Oleg aos 57 anos.

Além disso, as lembranças de Oleg sobre o pai, que trabalhava como sapateiro, são bastante surpreendentes:

> Meu pai tinha uma visão extremamente ampla da vida e profundo conhecimento de história, geografia, política e economia. Ele falava alemão, grego, eslavo, latim, inglês e francês, embora não praticasse [...]. Ele lia muito e com surpreendente velocidade, lembrando-se sem esforço de tudo o que lera. Era capaz de recitar de memória os poemas de Fet, Pushkin, Lermontov, Tiuchev, Iessienin, Chekhov e Kuprin, assim como Heinrich Heine em alemão. Ele adorava o *Fausto* [...].
> Segundo ele, essa paixão vinha do fato de que, outrora, sua família se reunia à noite para leituras em voz alta: peças, poemas, novelas e romances em russo e em outras línguas. Dessa maneira, eles reforçavam seus laços, relaxavam e conversavam.

É difícil imaginar essa cultura em um sapateiro dos Urais. Mas é igualmente difícil acreditar nas reviravoltas desse percurso.

A fuga de Anastasia

Embora o tsarévitche estivesse desaparecido, foram descobertas em Perm pistas de parte da família Romanov, graças à contraespionagem, que, independentemente do inquérito judicial, começou a realizar buscas depois que o general branco Pepeliaiev se apoderou da cidade no fim dos anos 1918. Seu líder, Alexandre Kirsta, investigou durante três meses, de janeiro a abril de 1919, antes que *também* fosse dispensado por ordens do general Dieterichs. Ele recolheu testemunhos atestando que a imperatriz e suas filhas haviam sido vistas em Perm.

Pouco antes, em 27 de setembro de 1918, Ernst de Hesse, irmão da imperatriz, enviara uma mensagem à corte inglesa: "Ernst telegrafa dizendo que soube, por duas fontes confiáveis, que Alice [Alexandra] e todas as crianças estão vivas." Ele fizera com que o telegrama fosse enviado de Estocolmo.[12]

Eis algumas das deposições recolhidas em Perm por Kirsta. Há uma dezena delas, assinalando a presença da família na cidade, sete das quais mencionam igualmente a tentativa de fuga de uma das filhas do tsar, Anastasia.

O primeiro testemunho, recolhido em 8 de março de 1919, é da enfermeira Natalia Vassilievna Mutnikh.

Soube por acaso que a família do antigo tsar — sua mulher e as quatro filhas — fora trazida para Perm muito secretamente, até o porão da casa Beriozine, onde havia uma oficina. Uma das filhas fugiu do porão em setembro, foi recapturada em algum lugar atrás da Kama e trazida de volta, ao passo que a família foi levada para outro local. [...]
Evidentemente, fiquei interessada pela presença da família do tsar em Perm; sabendo que meu irmão estava de guarda, pedi a ele que me levasse até lá e me mostrasse o lugar. Ele consentiu e nós partimos. Foi em setembro, na casa Beriozine. Vimos o cômodo fracamente iluminado no qual se distinguiam a tsarina e suas quatro filhas. Elas estavam em um estado terrível, mas eu as reconheci. Comigo estava Anna Kostina, secretária de Zinoviev, que partiu em seguida para Petrogrado. A família do imperador foi escondida em um quartel em algum lugar, no interior.[13]

A fuga de Anastasia teria resultado em espancamento. Ela foi recapturada, espancada, sem dúvida violentada e levada para o porão. Um médico chamado Pavel Utkin foi chamado com urgência pela Cheka. Ele testemunhou em 10 de fevereiro de 1919 sobre seu encontro com Anastasia:

> No fim de setembro de 1918, eu estava na esquina das ruas Petrogrado e Ovinski, no edifício do Banco Rural, que nesse tempo alojava a Comissão Extraordinária para a Luta contra a Contrarrevolução, a Especulação e a Sabotagem (Cheka). Eu, dr. Utkin, fui chamado em caráter emergencial à tarde, por volta das 17 ou 18 horas, para um atendimento médico. Entrando no local, vi reclinada sobre um divã, semiconsciente, uma jovem encorpada *de cabelos curtos*. A seu lado estavam alguns indivíduos, entre os quais Vorobtsov, Malkov, Trofimov, Lobov e alguns outros que eu não conhecia. Entre todos esses homens havia também uma mulher, 22 a 24 anos, de corpo médio, loira. A meu pedido, todos os homens se afastaram. A mulher permaneceu, explicando que, por ser mulher, não haveria problema. Eu, médico, senti muito bem que ela desempenhava o papel de informante.
>
> Quando perguntei "Quem é você?", a paciente levantou a cabeça e disse com suavidade: "Sou a filha do soberano, Anastasia." Em seguida, perdeu a consciência.
>
> A paciente apresentava os seguintes sinais: a região em volta do olho direito estava intumescida e tinha um corte de cerca de 2 centímetros. Não havia ferimentos na cabeça ou no tórax; fui impedido de examinar a parte inferior de seu corpo. Fiz um curativo e prescrevi um medicamento. Então me pediram para deixar o apartamento.
>
> À noite, por volta das 22 horas, voltei por iniciativa própria para ver a paciente. Ela delirava, pronunciando palavras e frases sem sentido. Depois dessa visita, não a vi mais. Depois que fiz um curativo, ela me olhou com ar gentil e disse: "Doutor, sou muito grata."

A indicação "de cabelos curtos" corrobora o que se sabe sobre a aparência das filhas do tsar nessa época. A seguir, Utkin indica que quis examinar o baixo-ventre e a genitália da jovem, mas foi impedido.
Um segundo testemunho do médico figura nos arquivos de 14–15 de junho de 1919.

> Após o interrogatório [de fevereiro], fui à farmácia onde mandara manipular os medicamentos. Essas receitas estavam na farmácia e eu as recebi do responsável, Korepanov. Lembro que, ao escrever a receita, eu me perguntara se deveria ou não incluir o nome Romanov. Perguntei aos bolcheviques e eles me mandaram escrever uma letra qualquer. Escrevi a letra N. É por isso que a receita ficou lá e não foi reproduzida no livro.

Em seguida, o doutor Utkin foi apresentado a uma série de fotografias e identificou Anastasia. No momento de assinar a transcrição do depoimento, o médico viu que um erro fora cometido: ela não dissera "sou a filha do imperador, Anastasia", mas sim "sou a filha do soberano, Anastasia". Em outro momento da deposição, o médico afirma que ela lhe parecera mentalmente perturbada. Se ela realmente foi espancada, açoitada e violentada antes de completar 18 anos, seria isso surpreendente?

Em todo caso, esse testemunho não foi retido por Sokolov, juiz encarregado do inquérito pelos Brancos, pois o médico lhe pareceu nervoso e pouco confiável.

É o quarto testemunho não levado em conta pela vulgata: Malinovski, Nametkin, Sergueiev (à imprensa), Utkin... e alguns outros que lançam dúvidas sobre o assassinato de toda a família.

7. A primeira troca leste-oeste da história

Depois da crise de julho de 1918 e da morte anunciada do tsar, não houve mais menção nem a ele nem à família imperial, ao menos não publicamente.

Lenin só falou explicitamente sobre o assunto em 8 de novembro de 1918, em um discurso aos delegados dos comitês de camponeses pobres da região de Moscou — e, mesmo assim, foi apenas uma menção casual: "Os operários das cidades depuseram os monarcas (na Inglaterra e na França, os reis foram executados há alguns anos e éramos os únicos atrasados, com nosso tsar) e, contudo, após certo tempo, o antigo regime foi restaurado."[1]

Mas, se a morte dos Romanov nunca era abordada, as relações com alemães e Aliados eram frequentemente evocadas pelos Vermelhos.

De fato, as intervenções de Lenin durante os meses de julho e agosto de 1918 delineiam lentamente o alinhamento com a "orientação alemã". No fim de julho, ainda se estigmatizavam os "piratas" alemães e anglo--franceses, ressalvando-se, contudo, que os alemães haviam reconhecido as nacionalizações e não tinham questionado a propriedade da terra, de maneira que, "malgrado essa paz penosa, ainda temos a possibilidade de abordar livremente nossa obra de edificação socialista" (Lenin, 20 de julho de 1917, no Soviete dos Comitês das Fábricas e Sindicatos de Moscou).

Em paralelo, o inventário das agressões dos imperialistas anglo-franceses e seu apoio ao general branco Denikin ocupavam páginas inteiras. Vejamos ainda este texto, publicado apenas em 1919: "No presente momento, os imperialistas anglo-franceses e nipo-americanos são os inimigos da República Soviética da Rússia; a diferença com os alemães é que eles não pretendem apenas conquistar e destruir o solo russo, mas também derrubar o poder dos Sovietes e restabelecer o poder dos grandes proprietários e capitalistas, a fim de submeter os operários e os camponeses" (primeira quinzena de agosto de 1918).

Enfim, em uma "Carta aos operários americanos" publicada no *Pravda* de 22 de agosto, Lenin avisou que não hesitaria em se aliar aos alemães: "E os tubarões do imperialismo anglo-francês podem muito bem espumar de raiva, disseminar calúnias e gastar milhões para subornar os jornais social-patrióticos, socialistas revolucionários, mencheviques e outros; não hesitarei um instante em concluir um 'acordo' desse gênero com os rapaces do imperialismo alemão se um ataque das tropas anglo-francesas me obrigar a isso. Sei que minha tática será aprovada pelo proletariado do mundo inteiro."[2]

Ora, durante esses meses, o mapa da guerra se modificara profundamente.

De um lado, os alemães haviam sofrido um grande revés no oeste durante a segunda batalha do Marne, em julho de 1918, seguido pela rendição de milhares de prisioneiros em 8 de agosto, "dia de luto para a família alemã". Paralelamente, em 10 de setembro Trotski conquistou uma grande vitória sobre os Brancos em Cazã.

As negociações entre bolcheviques e alemães mudaram de natureza: a República dos Sovietes não era mais o interlocutor dominado e ameaçado de Brest-Litovsk ou do início de julho, mas um parceiro que negociava de igual para igual.

Além disso, a ameaça representada pelos socialistas revolucionários de esquerda havia em grande parte desaparecido. Logo após seu golpe de força, em julho, Lenin admoestara os comunistas da cidade

A PRIMEIRA TROCA LESTE-OESTE DA HISTÓRIA 99

de Elets: "É uma pena que vocês não tenham impedido os socialistas revolucionários de esquerda, como está sendo feito por toda parte. É indispensável desalojá-los de todos os cargos de comando [...]. É evidente que não podemos lhes dar autorização escrita para prendê-los, mas, se vocês os expulsarem de todos os órgãos dos Sovietes, se os impedirem, ao desmascará-los aos olhos dos operários e camponeses, e reduzirem seu número, conforme cada caso, terão realizado seu bom trabalho revolucionário e só poderemos felicitá-los."[3] Aparentemente, a palavra de ordem foi seguida e, em novembro, começaram os processos.[4]

Nesse novo contexto, as negociações secretas puderam ser retomadas. Um acordo foi concluído em 29 de agosto de 1918: a Alemanha sairia da Bielorrússia e, em contrapartida, os Sovietes reconheceriam a independência dos Estados Bálticos, uma espécie de protetorado alemão na Geórgia, e encerrariam a propaganda revolucionária na Alemanha.

Há cinquenta anos, Pierre Renouvin, grande especialista em relações internacionais, já dava conta desses acordos, mas sem conhecer todas as suas implicações.[5] Pois, nas mesmas semanas em que os responsáveis pela política externa do Partido Bolchevique pactuavam com os alemães, prosseguiam as conversações sobre a libertação das filhas e da esposa do tsar, das quais participavam certo número de cortes europeias (como Espanha e Inglaterra).

No centro dessas negociações estava Georgi Chicherin. De origem nobre, como Dzerjinski (fundador da Cheka), ele era primo da condessa polonesa Alexandrine von Hutten-Czapska. Esta, por seu segundo casamento, era esposa morganática do grão-duque Luís IV de Hesse, pai da tsarina. A condessa, assim, era madrasta de Alexandra. *Mas quem saberia que Chicherin, negociador e ministro soviético, era primo distante da tsarina?* Ele não alardeava o fato.

As negociações eram conduzidas em clima de grande tensão, pois se sabia que não apenas o tsar fora executado, mas também grande parte dos grão-duques em Alapaievsk, ao norte de Ecaterimburgo.

O rei da Espanha, Afonso XIII, que, por sua esposa, estava diretamente ligado à rainha Vitória e, consequentemente, a Alexandra, preocupado com o destino de suas familiares, tentara, em agosto e setembro de 1918, transferir as damas imperiais para a Espanha. O historiador Carlos Seco Serano descobriu nos Arquivos Espanhóis que, em 4 de agosto de 1918, a corte de Madri achava que o tsar fora executado, mas não sua esposa ou filhas. Eis o texto:

4 de agosto de 1918

Carta do embaixador da Espanha em Londres, Alfonse Merry del Val, a Eduardo Dato, ministro das Relações Exteriores.

"A interrupção de nossa conversa de ontem me impediu de submeter a Vossa Excelência uma ideia de grande importância e urgência, relacionada a sua iniciativa em favor da imperatriz viúva [sic] e das filhas do desafortunado ex-imperador da Rússia. Não haveria possibilidade de integrar o caso dessa augusta dama na negociação projetada? Ela é, como se sabe, irmã da rainha Alexandra [da Dinamarca], mãe do rei Jorge V, e uma intervenção a seu favor tornaria mais aceitável para a família real inglesa e para a opinião do povo inglês a negociação pela libertação da imperatriz Alice [Alexandra]. Esta última [...] é muito malvista, considerada agente consciente ou inconsciente da Alemanha e principal responsável, ainda que de maneira involuntária, pela revolução, em função dos maus conselhos que dava ao esposo, que dominava completamente. [...] O ressentimento contra a imperatriz Alice é tão forte que chega ao ponto de excluir qualquer possibilidade de que ela resida no Reino Unido.[6]

Um mês mais tarde, um segundo telegrama evocou as negociações entre a Espanha e os bolcheviques. Encarregado por Madri de negociar a transferência da imperatriz e de suas filhas, Fernando Gomez Contreras deixou Portugal em companhia do adido comercial dos Países Baixos.

A PRIMEIRA TROCA LESTE-OESTE DA HISTÓRIA 101

Ele teve duas entrevistas com Chicherin, comissário das Relações Exteriores, nos dias 1º e 5 de setembro de 1918.

6 de setembro de 1918, telegrama 858

O comissário do povo nos recebeu com uma hora de atraso em um local imundo que serve de Ministério das Relações Exteriores acompanhado *de outro israelita que é seu adjunto* [essa observação figura somente no telegrama em espanhol: *accompañado de otro israelito es su adjunto*].[7] Expus o desejo humanitário de nosso soberano e expliquei que não se trata de intervenção nos assuntos internos da Rússia e que a família imperial permaneceria confinada na Espanha e afastada de toda a política. O comissário começou por mostrar seu descontentamento com o fato de querermos interceder em favor daqueles que causaram tanto mal ao povo. Ele exigiu, em termos ríspidos, o reconhecimento oficial do poder dos Sovietes, acrescentando que, para tratar dessa questão, é preciso que as duas partes se reconheçam mutuamente. Ele acrescentou que, por essa razão, duvidava da validade de nossas garantias de que a família real permaneceria afastada de qualquer movimento contrarrevolucionário. Fazendo alusão à detenção de Trotski na Espanha (1915) [*aludo a detención de Trota ou Trots en España*], ele sustentou que nosso país se transformaria em foco da reação e da contrarrevolução contra o proletariado internacional.

O martírio inútil dessa mulher indefesa lhe valeria a reprovação do mundo inteiro... Após uma discussão penosa e grandes esforços, consegui que nossa solicitação seja apresentada na primeira reunião do Comitê Executivo Central.

Em 15 de setembro, falando da instrução de seu ministro, em 22 de agosto, de solicitar a transferência da família imperial para a Espanha, Gomez Contreras acrescentou, referindo-se a Chicherin (e a Karakhan, vice-ministro das Relações Exteriores), que "ele se esforçaria para encontrar uma solução para a situação das damas imperiais, no sentido de uma libertação".

O Vaticano também desempenhou papel de intercessor para salvar as filhas da imperatriz e a própria Alexandra. Em setembro, uma carta da Wilhelmstrasse, o Ministério das Relações Exteriores da Alemanha, a Sua Eminência o cardeal von Hartmann, arcebispo de Colônia, atestava que "os russos afirmaram aos alemães que não interferem em seus interesses, protegem as grã-duquesas da cólera popular e pensam em transferi-las para a Crimeia".

Ora, como se viu, pouco a pouco os alemães da Ucrânia haviam assumido o controle de parte da Crimeia. Em Kiev, o antigo ministro das Relações Exteriores do governo provisório, Pavel Miliukov, um monarquista constitucional, também relatou em suas memórias as conversações com os alemães durante o verão de 1918. Sabe-se igualmente, por fonte ucraniana, que ele desejava casar Olga ou Tatiana com o grão-duque Dimitri Pavlovich, então no exílio, para que se constituísse um Estado ucraniano "protegido" pelos alemães.

No lado alemão, também em Kiev, o diplomata Alvensleben, de família ilustre, era "o olho de Guilherme II", segundo o jornalista francês Jean Pelissier. Já em 5 de julho (véspera do atentado contra o embaixador alemão Mirbach), ele dissera ao general Dolgorukov: "Entre 16 e 20 de julho, difundiremos o boato sobre a morte de Nicolau II. Será uma falsa notícia." Quando o comunicado foi publicado, foram realizadas missas fúnebres em Kiev e Copenhague, onde o embaixador da Rússia explicou ao embaixador da França que isso era um estratagema para salvar a família imperial.[8]

O kaiser teria desejado salvar toda a família, mas em seguida se admitiu que o caso do ex-tsar deveria ser resolvido pelos russos.

Partida para Moscou e Kiev

Todos esses testemunhos atestam que negociações cruzadas tiveram lugar. Mas nenhum documento explicita ou relata o destino dos prisioneiros escondidos em Perm. O dossiê de instrução indica que Evguenia Sokolova, professora de história em Perm, vira as quatro irmãs juntas, e depois duas em um local e duas em outro (testemunho de 17 de março de 1919). Ela declarou que soubera por um amigo comunista que somente três delas haviam embarcado no trem — o que parece lógico, já que Anastasia desaparecera. O interesse desse texto é que ele fala de três irmãs, e não quatro.

O elo perdido dessa pesquisa me foi apresentado em 1982 pelo testemunho constante da obra de Alexis de Durazzo d'Anjou: *Moi Alexis, arrière-petit-fils du tsar* [Eu, Alexis, bisneto do tsar]. Informei-me com Claude Durand, presidente executivo das edições Fayard, sobre a identidade do autor, cujo sobrenome não era citado na obra. Senti que ele não sabia bem o que pensar a respeito. Não obstante, forneceu suas coordenadas e eu conversei longamente com ele em Madri.

Agradável e encantador, esse homem de cerca de 40 anos que se apresentava como príncipe d'Anjou afirmou que os descendentes Romanov ignoravam completamente seus direitos, acusando-o de impostura e trapaça, porque certa feita emitira um cheque sem fundos. Ele me explicou todo o caso e notei que conhecia seus menores detalhes. Estava claro que ele lera os documentos reunidos pelos jornalistas Summers e Mangold em 1976, mas ele também acrescentou detalhes que constavam da pesquisa de Ross publicada em 1987 e que ele não conhecia. Melhor ainda, ele me convidou a consultar seus arquivos junto a seu notário em Paris. E lá encontrei, além de outros documentos, o original de um texto escrito, segundo ele, por sua avó Maria, datado de 10 de fevereiro de 1970 e que só deveria ser publicado dez anos mais tarde, por questões de segurança.[9]

"Na manhã de 6 de outubro de 1918, na cidade de Perm, onde estávamos desde 19 de julho, minha mãe e minhas três irmãs [sic: exatamente isso, minhas três irmãs] foram separadas e conduzidas até o trem. Cheguei a Moscou 18 [sic], onde Chicherin, primo do conde Chupski, me confiou ao representante ucraniano [...] a fim de partirmos para Kiev."

Esse texto manuscrito, redigido com mão trêmula, em francês, por uma mulher de 71 anos, teria vindo, portanto, da segunda filha do tsar, Maria Romanov, segundo aquele que se apresentava como seu neto e publicou seu testemunho em 1982.

Alexis de Durazzo também me falou sobre um testemunho oral de Maria no qual ela explicou as razões de seu longo silêncio. Ele me deu informações sobre sua estada em Perm, a separação das mulheres em dois grupos e o desaparecimento de Anastasia: "Ela desapareceu em 17 de setembro. Ela havia fugido pela segunda vez."

O testemunho de "Maria" amarra os diferentes fios desse caso. Em Perm, Beloborodov, presidente do Soviete dos Urais, informara que alguns dias mais tarde "partiríamos para Moscou". A viagem seria feita em pequenos grupos. "Arrumem a bagagem, somente uma pequena valise e uma bolsa."

Em 6 de outubro, as irmãs foram levadas a pé até a estação de Perm. Os bolcheviques concordaram com o desejo da imperatriz de manter Tatiana consigo. Olga disse a Maria, em inglês: "Agora nada importa. Não pode nos acontecer nada pior. Que seja feita a vontade de Deus." Ela embarcou em um vagão e Maria em outro.

Maria contou que, no trem, um homem rude ordenou que ela tirasse os brincos; ela não conseguiu e ele os arrancou à força, o que deixaria uma cicatriz. Ela chegou a Moscou em 18 de outubro. Foi alojada na antiga residência do agente inglês Bruce Lockardt; a mulher do bolchevique Lunacharski a recebeu. Em breve, Chicherin se apresentou, cortês, beijando sua mão e explicando que "as embaixadas estrangeiras estão cuidando de sua partida e da partida de sua família". Ela partiria para Kiev.[10]

A PRIMEIRA TROCA LESTE-OESTE DA HISTÓRIA 105

"Nós comunistas", acrescentou ele, "abatemos a tirania de sua família, mas sabemos respeitar a vida humana". Ele também disse que ela seria entregue ao governo ucraniano, "naturalmente, são fantoches", mas que, "em Kiev, encontra-se o representante de sua família alemã e você precisa ir até lá".

Algum tempo mais tarde, o general Skoropadski enviou um trem especial, no qual Maria embarcou. Foi-lhe entregue um passaporte em nome da condessa Czapska, esposa de Czapski, o conde polonês que era primo de Chicherin.

Na mesma semana, exatamente em 22 de outubro de 1918, Karl Liebknecht foi libertado da prisão pelo chanceler Max de Bade. Em seguida, foi a vez de Jogisches, outro spartakista de origem polonesa.

Foi a primeira troca de reféns na história das relações leste-oeste.

A referência de Maria a suas "três irmãs" me incomodou. Eu depois disse a mim mesmo que, sendo tão bem informado, se fosse um impostor, Alexis de Durazzo teria corrigido o erro. Pois eram apenas duas irmãs com Maria, uma vez que, segundo os arquivos, Anastasia não estava em Perm desde meados de setembro.

8. Anastasia e as outras

Os testemunhos recolhidos pelos investigadores indicam que, em Perm, onde estava com a mãe e as irmãs, Anastasia teria tentado fugir com um jovem guarda. Ela foi recapturada, maltratada e certamente estuprada. Em seguida, teria desaparecido novamente. Desde o mês de setembro, suas irmãs não sabiam onde ela se encontrava e Anastasia não fez parte do comboio que, em outubro de 1918, partiu para Moscou e depois para Kiev.

Ora, no fim de 1919, na Alemanha, uma jovem afirmou ser Anastasia, "única sobrevivente" do massacre. Ignorando que suas irmãs haviam sido salvas, ela podia acreditar que era a única sobrevivente. Ela repetiu, todavia, que, "em Ecaterimburgo, nada aconteceu como é contado". Além disso, estava grávida do guarda que lhe permitira fugir, Alexandre Tchaikovski, e tentara se suicidar.

Ela não disse mais nada, sem dúvida porque, aos 18 anos, traumatizada pelo estupro e suas consequências, não conseguia expressá-lo, confessá-lo. Além disso, sentia muita culpa, exacerbada por sua educação vitoriana e por sua linhagem. Talvez também sentisse certa vergonha por ter "abandonado" a família, escapando sozinha.

O fato é que, em 1919, boa parte de sua família a reconheceu, notadamente suas tias Olga e Xenia, irmãs de Nicolau II. Mas, nessa data, quem saberia exatamente o que havia acontecido com as irmãs ou a mãe de Anastasia? Talvez Ernst de Hesse, irmão de Alexandra, que, em 27 de setembro de 1918, como se viu, enviara um telegrama afirmando que as filhas do tsar estavam vivas. Mas não havia outras informações.

Ao passo que Olga, Maria e Tatiana foram conduzidas à Ucrânia, para Kiev ou Podolie (no sudoeste do país), Anastasia, contra todos os prognósticos, se recuperou, tornou-se a sra. Tchaikovski e reclamou seu direito à herança dos Romanov, na qual Cirilo, sobrinho de Nicolau II, e as duas irmãs do tsar, Olga e Xenia, também pretendiam pôr as mãos. Assim, elas mudaram de posição e declararam que só reconheceriam Anastasia se a justiça assim o determinasse. Foram apoiadas por Cirilo, que se apresentava como chefe da casa Romanov, e por Ernst de Hesse, que começara a falar em impostura.

É preciso dizer que, em sua obstinação de provar que era filha do tsar, Anastasia cometeu alguns deslizes e se tornou bastante inconveniente: ela lembrou, por exemplo, que seu tio Ernst de Hesse visitara sua mãe, a imperatriz, em dezembro de 1916. Um general alemão visitando a família de Nicolau II em plena guerra era algo que poderia sinalizar um esboço de paz separada entre a Rússia e a Alemanha. Um disparate, um sacrilégio.

As outras irmãs souberam ser mais discretas. O trauma que sofreram, a insegurança que reinava na Europa central em 1919, o medo de serem encontradas pelos bolcheviques e assassinadas como boa parte de sua família explicam por que permaneceram em silêncio. Maria só decidiu revelar "sua" verdade muito mais tarde.

Desse modo, Anastasia foi sacrificada à razão dinástica e apresentada como mentirosa, ao passo que as outras filhas do tsar receberam ajuda, notadamente da rainha da Romênia, parente da família, e de Guilherme II, durante seu exílio na Holanda. "Todos os membros da família se comportaram como animais ferozes em relação a ela", comentou Maria da Romênia. Foi também o que afirmou um diplomata soviético a Gleb Botkin, filho do médico da família imperial executado em Ecaterimburgo: "Os Romanov se mostraram mais cruéis com Anastasia que os bolcheviques."

De fato, dispõe-se de informações consistentes sobre a sra. Tchaikovski, que se tornou Anna Anderson após seu "divórcio"; elas foram confirmadas após várias décadas. Convidado a testemunhar, Gleb Botkin, que conhecera bem as quatro irmãs, suas companheiras de jogos até Ecaterimburgo, identificou Anastasia imediatamente. Mas quem acreditou nele?

Minha primeira conversa com Anastasia ocorreu na presença da baronesa Meller-Zakomelski. Para quebrar o gelo, eu levara comigo meus desenhos de animais. Alguns haviam sido feitos em Nova York, para uma revista. Mas, quando fora ao Japão, um de meus amigos me entregara um desenho que eu fizera em Tobolsk. Eu misturara esses velhos desenhos siberianos que Anastasia vira em 1917 com os novos, feitos na América, e os levei todos misturados. Como esperava, os desenhos nos ajudaram a conversar de maneira informal.

Ao olhar meus novos desenhos, ela riu da mesma maneira que ria quando era criança. E, quando viu um de meus antigos desenhos, seu rosto se tornou sombrio, triste, e, depois de olhar os outros, ela disse: "Mas você fez esses desenhos na Sibéria..." "Sim", respondi, e mudamos de assunto.

Conversávamos em russo e em alemão sobre uma história a respeito de esquilos, especificamente, e perguntei à condessa: "Qual é a palavra alemã para *belka*?" "Eu sei", disse Anastasia, começando subitamente a falar em russo, "*belka é eichornlichen*".

Este último detalhe desmente os que afirmaram que ela não falava russo.[1]

Em sua investigação de 1976, os jornalistas ingleses Summers e Mangold também recolheram numerosos relatos que dão substância à ideia de que a sra. Tchaikovski/Anna Anderson não era uma usurpadora.[2]

Uma dessas testemunhas, encontradas muitos anos depois dos eventos, é a célebre bailarina do Bolshoi Mathilde Kschessinskaia, que fora amante do tsar Nicolau II antes de seu casamento. Em 1967, ela foi entrevistada por Gilbert Proteau, um jornalista francês. Nessa data, ela ainda era mundialmente célebre, pois foi uma das mais famosas dançarinas de *O lago dos cisnes*. Malgrado seus 95 anos, sua mente estava completamente alerta e seu raciocínio, coerente.

A entrevista foi organizada por seu filho, o príncipe Vladimir, que redigiu o texto que ela deveria ler. Mas sua mãe, sem olhar para as notas, respondeu perfeitamente bem às questões apresentadas. Ela declarou que seu primeiro marido, o grão-duque André, ficara muito impressionado com a semelhança entre os olhos de Anna Anderson e os do tsar Nicolau II. À questão "Princesa, em 1928, em Paris, a senhora encontrou aquela que então se chamava de 'misteriosa mulher de Berlim'?", ela respondeu: "Sim, eu a vi uma vez. Era ela, era Anastasia."

Silêncio estupefato no estúdio e brutal interrupção de seu filho: "Corta!" As câmeras pararam de rodar, mas os gravadores continuaram: Vladimir, falando russo, gritou para a mãe: "Você deveria dizer somente o que estava escrito." Mas sua advertência não surtiu nenhum efeito.

A velha dama, perfeitamente calma, continuou a falar durante quase meia hora, repetindo de maneira definitiva que a mulher de que se falava era Anastasia.[3]

Outras personalidades também sustentaram que Anna Anderson, que tentava recolher testemunhos, pois era acusada de impostura, era Anastasia.[4] Entre elas estava Xenia, filha de Georges de Leuchtenberg, neto do tsar Nicolau I. Ela escreveu que sua voz, suas maneiras, seu vocabulário e seu conhecimento de línguas eram tais que não davam margem a dúvidas. E também o príncipe Sigismundo da Prússia, sobrinho de Guilherme II e da imperatriz Alexandra: Anastasia era sua prima em primeiro grau e as duas crianças haviam brincado juntas frequentemente. Em 1932, ele a reconheceu de imediato.

Alguns anos antes, em 1928, a escritora e escultora Harriet von Rathlef-Keilmann, que fugira da Revolução Russa com o marido e se refugiara em Berlim, entrevistara o médico que havia cuidado de Anna Anderson na Alemanha após sua tentativa de suicídio. Ele se lembrava de

ANASTASIA E AS OUTRAS

que, em Moscou, no dia da declaração de guerra contra a Alemanha, em 1914, ele tivera ocasião de ver Anastasia pessoalmente: "Eu caminhava ao longo do palácio do Kremlin em companhia do professor Fiodorov. Alguém jogou uma bola de papel de uma das janelas. Perguntei ao doutor: 'Quem jogou essa bolinha?', e ele respondeu: 'Vamos descobrir.' E vimos as duas jovens duquesas, que se afastaram rapidamente da janela. Eu me lembrei desse incidente e perguntei a minha paciente: 'O que você fazia na janela do palácio no dia em que Sua Majestade declarou guerra?'. A paciente se pôs a refletir, depois começou a rir e disse: 'Ah, que vergonha; eu e minha irmã éramos terríveis, nós jogávamos bolinhas de papel nas pessoas que passavam.' Só posso pensar que, nessa resposta, houve algo como uma transmissão de pensamentos."[5]

Um testemunho final. Esse dossiê pode ser encerrado. A senhorita Anderson, ex-sra. Tchaikovski, era realmente a filha mais nova do tsar, e uma filha bem-humorada.

Todavia, em 1921, em Berlim, a jovem fez afirmações que desmontam completamente o cenário que elaboramos. Ela relatou muito precisamente a execução de toda sua família:[6]

> Naquela noite horrível, fomos acordados subitamente. Eu e minhas irmãs estávamos deitadas em um quarto, meus pais e meu irmão em outro. Disseram-nos para nos levantarmos rapidamente, para nos vestirmos, pois havia agitação na cidade e certamente ouviríamos tiros. Devíamos descer para o térreo. Creio que vesti a saia de um tailleur e uma blusa, acho que não vesti o casaco desse conjunto, nos botões do qual havíamos escondido diamantes, e minhas irmãs fizeram o mesmo [...] Minha irmã Olga era a mais tranquila. Papai carregava nosso irmão, mamãe estava meio morta de medo. Ela talvez pressentisse o horror que nos aguardava. Ela estava semi-inconsciente.
>
> [...] Sei apenas disto: subitamente, vi que atiravam, Yurovski estava no meio e atirava em papai. Lembro que estava ao lado de minha irmã Olga e instintivamente tentava me abrigar atrás de suas costas. Depois, mais nada. Lembro também que tudo estava rodando.

Depois de voltar a si, Anastasia teria sido transportada em uma carroça, deitada sobre a palha:

> Eu não conhecia as pessoas cujas vozes podia ouvir. Não era capaz de dizer uma palavra, sentia somente os solavancos da carroça; minha cabeça doía e estava enrolada com trapos úmidos, meus cabelos estavam colados à cabeça, ensanguentados. Para me fazer acordar, eles esfregavam meu corpo com vinagre e cebolas [...].
> Não sei quanto tempo rodei assim, talvez semanas, talvez meses. Usávamos sempre caminhos desertos. Éramos obrigados a parar nos bosques. Minha mão, meu braço e minha boca estavam cheios de sangue. Eles enfiavam pão preto amolecido em minha boca para que eu não morresse de fome, enquanto eles mesmos não tinham nada para comer [...].
> De tempos em tempos, eles me tiravam da carroça e eu podia descansar dos solavancos e depois repousar durante dias em um simples quarto de camponês.
> Em Tobolsk, havíamos costurado nossas joias em nossas roupas e lençóis. Eram pedras não entalhadas e meu colar de pérolas, que não fora desmontado, estava preso ao longo de uma costura.
> Esse colar estava comigo em Bucareste, até o momento em que Tchaikovski o vendeu.
> Se eu não tivesse esse colar, não teríamos escapado com vida. Foi com ele que Tchaikovski pagou pela carroça e trocou de cavalos. Comigo, éramos quatro. Eles falavam polonês e eu não entendia o que diziam. Mas, comigo, eles falavam russo.[7]

Essas afirmações são muito surpreendentes. Por que, contradizendo outras declarações, Anastasia afirmou que se encontrava no cômodo onde toda sua família foi massacrada?

É certo que, no hospital onde foi internada após a tentativa de suicídio, na Alemanha, só recuperava a razão por curtos períodos de tempo. Acima de tudo, não ousava falar. A visita feita por sua tia Irene da Prússia, irmã de sua mãe, acabou muito mal. Ela não disse nada e não quis mencionar sua ligação com o guarda que a salvara nem seu estupro durante a primeira fuga. "Tia Irene" partiu furiosa com a acolhida que recebera: mutismo e leve agressividade.[8]

Esse episódio iniciou um longo período de errância, e a ruptura com o lado alemão da família se tornou irreversível; a filha de um imperador não deve se deitar com um simples soldado. Ela estava desonrada.

Mas ainda havia o problema de sua identidade real. Irene achava que era ela. E "ela" se lembrava do dr. Pavel Utkin, que a atendera depois de sua fuga, e de Tobolsk — mas não de Perm.

Em 1974, quando os jornalistas Summers e Mangold perguntaram por que ela repetia que "em Ecaterimburgo, nada aconteceu como é contado", mas não fornecia detalhes, ela respondeu: "Se eu contar algo além do que já contei, dirão que sou louca. Então não contarei mais nada."

Podemos nos perguntar se não foi para escapar ao opróbrio que, em 1921, ela afirmou que toda sua família fora massacrada, mas ela, ferida, fora levada para a Romênia: é uma versão menos desvalorizante que um estupro ou uma fuga com um guarda.

Os testemunhos orais e diretos muitas vezes nos fazem compreender melhor a complexidade de uma situação, enquanto os arquivos escritos nos permitem imaginar seu desenrolar — mas eles são tão contraditórios!

Todos esses fatos estão encadeados. Observamos que Maria Romanov mencionou em seu testemunho suas "três irmãs" partindo de Perm para a Ucrânia, embora, paralelamente, tenha falado do desaparecimento de Anastasia. Observamos, principalmente, que foram os quatro líderes bolcheviques ligados à transferência dos Romanov — e somente eles — que falaram abertamente sobre a sobrevivência das irmãs e de sua mãe. Esse ponto é importante, pois permitiu que se imaginasse, notadamente o historiador russo antibolchevique Melgunov, que as negociações entre bolcheviques e alemães foram uma farsa, com os bolcheviques fingindo negociar a libertação das irmãs quando sabiam muito bem que elas estavam mortas.

No que diz respeito à imperatriz Alexandra, há poucas informações sobre seu percurso, exceto que ela teria sido conduzida com Tatiana a um convento em Podolie (Ucrânia) e, segundo se diz, levada para a Itália no início da Segunda Guerra Mundial.

Um testemunho direto do príncipe Ghica, da Romênia, atesta, em 1920, o casamento da grã-duquesa Maria com o príncipe Nicolau Dolgoruki. Ainda mais importante, a rainha Maria, da Romênia, neta de Alexandre II e da rainha Vitória, da Inglaterra, relatou que o grão-duque Cirilo, que se autoproclamara único herdeiro da dinastia, pediu-lhe, em 1919, "que não falasse mais da viagem a Bucareste das duas grã-duquesas [Maria e Anastasia], por razões de ordem familiar".

Em seu livro *Marie de Roumanie* [Maria da Romênia], a biógrafa Hannah Pakula afirmou que, no mesmo ano de 1919, a corte da Inglaterra informou à rainha da Romênia que "Maria não seria bem recebida se fosse a Londres". O rei Jorge V estaria incomodado com seu comportamento em 1917 ou a nebulosa Romanov queria expulsar do panorama os descendentes diretos do antigo tsar?

Existe, além disso, uma foto para a qual Maria e Olga posaram juntas em 1957 ou 1958.[9] E, em 1983, a irmã Pasqualina Lehnert, servidora de Pio XII, atestou que o papa efetivamente viu Olga e Maria — "eram elas" —, mas em data que não podia precisar; logo, entre 1939 e 1957.

Pode-se imaginar que descobriremos mais, por um lado, com a publicação do diário de Olga, e, por outro, com a investigação sobre Anastasia iniciada em Copenhague em 1919 e cujas conclusões serão conhecidas em 2016 ou 2018.

Até hoje, os resultados dessa investigação não foram revelados.[10]

O deslocamento dos Romanov, verão de 1918

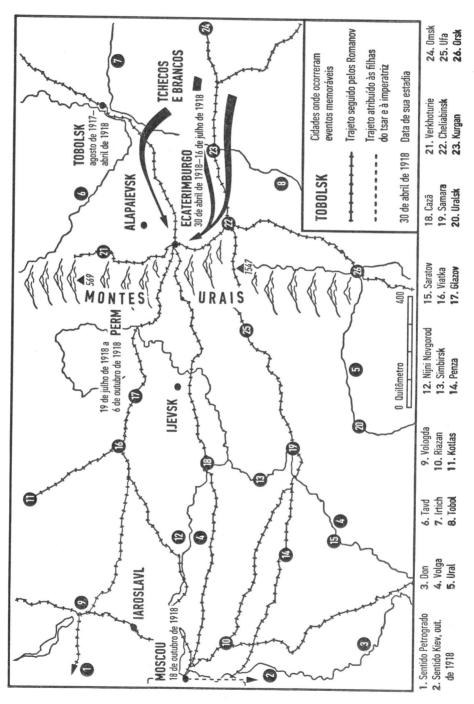

9. O mito e suas implicações

Teremos progredido na elucidação do enigma sobre o desaparecimento dos Romanov? Lembramos que os dirigentes bolcheviques deram explicações contraditórias sobre seu destino e que o correspondente do *Times*, aliado dos Brancos, explicou que era preciso dizer que todos os Romanov estavam mortos, ainda que estivessem vivos.

Em se tratando de Sverdlov, número dois do regime bolchevique, ou ele mentiu em seu comunicado de 23 de julho de 1918, em que anunciou "que a mulher e o filho do tsar estão em local seguro", ou mentiu alguns dias mais tarde, quando disse a Trotski, comissário da Guerra, que toda a família Romanov fora executada.

A bem da verdade, sua declaração pública era dirigida tanto aos russos quanto ao mundo externo: estava-se em plena guerra e era preciso mostrar a humanidade de um regime que teria castigado apenas o "tsar sangrento", poupando a imperatriz e seus filhos.

As afirmações que fez a Trotski tinham o objetivo de mantê-lo a distância e fazê-lo compreender que a conduta aprovada por Lenin não era mais a "orientação aliada", que ele tentava instaurar, mas sim a "orientação alemã". "Prefiro negociar com os alemães", disse Lenin em julho de 1918, em vista das ambiguidades da intervenção dos Aliados no norte do país. Estes últimos haviam passado da ideia de um segundo front associado aos soviéticos para a de um segundo front associado aos Brancos.

Quatro personalidades do regime soviético afirmaram que as filhas do tsar estavam vivas, assim como a imperatriz. De que se tratava? Em primeiro lugar, em setembro de 1918 e, portanto, antes da assinatura do armistício, tratava-se de Chicherin, comissário do povo para as Relações Exteriores, constantemente no âmago das relações com a Alemanha. Em Moscou, ele teria acolhido Maria, uma das filhas do tsar, e conduzido a transferência do resto da família para a Ucrânia. Lembramos igualmente que Chicherin tinha laços familiares com os Romanov.

Litvinov era seu assistente, ao passo que Karl Radek, chefe do departamento das Relações Exteriores, foi o primeiro a mencionar aos alemães a ideia de uma troca entre as princesas e Karl Liebknecht, o revolucionário alemão preso por Guilherme II. Embora possuísse as melhores informações sobre os assuntos alemães, sua familiaridade ou sua má educação o mantiveram afastado das negociações com os altos dirigentes, com os quais jamais teve contato direto. Mas Radek estava a par de tudo.

Quanto a Zinoviev, membro do gabinete político do Partido Comunista e do executivo do Comitê Central, ele teria pedido a sua secretária Kostina que acompanhasse as "alemãs" de Ecaterimburgo a Perm.[1]

Esse quarteto, portanto, tem sua lógica interna. Na época em que esses homens se expressaram (entre 1918 e 1922), nem Lenin nem Trotski haviam assumido posições públicas. Muito mais tarde, Trotski justificaria o extermínio de todos os Romanov, ao passo que nenhum dos "quatro" tocaria novamente no assunto depois de 1922.

Por que a mudança?

A primeira declaração do comissário das Relações Exteriores Chicherin data de setembro de 1918: estava-se em plena guerra e, verdadeira ou falsa, a informação de que as filhas e a esposa do tsar haviam sido

O MITO E SUAS IMPLICAÇÕES

poupadas devia impedir Guilherme II de iniciar operações de represália — embora, nessa época, ele já não tivesse meios para isso. Além disso, a morte das alemãs era apenas um rumor.

Depois de 11 de novembro de 1918, quando já não havia razões para manejar o imperador da Alemanha, que abdicara, dizer ou repetir que as princesas estavam vivas tinha somente um propósito: pôr um freio nos comentários horrorizados do mundo ocidental sobre o regime dos Sovietes. Para os meios de esquerda, que lhe eram favoráveis, o destino da família imperial era indiferente.

O que conduziu o regime bolchevique a pouco a pouco assumir a morte de todos os Romanov foi que, por um lado, sua execução tornaria mais aleatória uma eventual restauração e, por outro, tornou-se difícil explicar para a opinião pública, globalmente germanofóbica, que o regime assassinara um tsar russo e poupara as alemãs.

Como assumir que, para salvar seu poder, o partido negociara secretamente com os alemães, traindo, pela segunda vez depois de Brest-Litovsk, seu discurso revolucionário e internacionalista em nome do "realismo" e da consolidação do socialismo em um só país? Era justamente o que condenavam tanto os socialistas revolucionários de esquerda quanto os comunistas, embora estes últimos, a exemplo de Bukharin, tenham recuado... e menos de um ano depois de Lenin e Trotski terem estigmatizado tão amplamente a diplomacia secreta.

As afirmações do general Dieterichs, chefe de Estado-Maior do Exército Branco que dirigiu o inquérito sobre o assassinato dos Romanov em janeiro de 1919, e as do jornalista antibolchevique Robert Wilton portam em si um conjunto de omissões ou contraverdades.

Dieterichs, mentor do juiz Sokolov, evocou o assassinato coletivo dos Romanov em agosto de 1920, ou seja, dois anos após os eventos. Ele negou as afirmações de Litvinov, feitas após o armistício, mas se calou sobre as palavras de Chicherin — que, contudo, foram ditas bem antes. Como se mostrou, Volkov, criado dos Romanov, que, segundo Dieterichs, fora fuzilado em 1918, testemunhou diante do júri em 1919;

o mordomo Nagorni, que teria sido executado em agosto de 1918, na realidade foi assassinado antes de Nicolau II.

Por fim, Dieterichs não mencionou que, família do tsar ou não, todo o poder soviético (Cheka, Soviete, partido) se retirara para Perm à aproximação das tropas tchecoslovacas, aliadas dos Brancos, em 25 de julho de 1918.

"É preciso dizer que todos os Romanov estão mortos", repetiu Robert Wilton, correspondente do *Times* e amigo de Dieterichs, inicialmente para que a barbárie do regime soviético fosse manifesta, mas também por razões não ditas. O regime branco, que pretendia tomar o poder na Rússia, não queria ser atrapalhado por um ramo agora desvalorizado da descendência de Nicolau Romanov. Se as circunstâncias obrigassem, seria ao ramo Cirilo que o regime se associaria, talvez ao do grão-duque Nicolau, e não ao dos descendentes diretos de Nicolau II. Mesmo o monarca inglês Jorge V, primo do tsar, afirmou já não acreditar na sobrevivência das princesas alemãs. Seria por acaso?

E o que houve precisamente com essas princesas? Não há dúvida de que Anastasia sobreviveu, mesmo que as afirmações que fez durante os anos 1920 para provar sua identidade fossem frequentemente incoerentes, contraditórias, pouco críveis — embora tenhamos mostrado que elas têm sua lógica. Por outro lado, foi dito que sua arcada dentária não correspondia à da "verdadeira" Anastasia: seria prova suficiente?

Na realidade, um grande número de testemunhas e parentes a reconheceu, desde o filho do médico da família imperial, Gleb Botkin, até a antiga amante de Nicolau II, Mathilde Kschessinskaia, sem falar de suas tias ou do grão-duque André.[2]

As outras filhas do tsar foram mais discretas e souberam se manter escondidas, por medo de serem encontradas e eliminadas — uma parte da família não fora executada em agosto de 1918, em Alapaievsk, e o grão-duque Nicolau em janeiro de 1919?

O MITO E SUAS IMPLICAÇÕES

O lado alemão da família teria conseguido a salvaguarda de Olga quando Guilherme II estava no exílio; a ajuda teria sido intermediada pelo Vaticano. Maria teria herdado o passaporte de um príncipe, primo polonês de Chicherin, antes de se casar com o príncipe Dolgoruki. Restam Tatiana e a imperatriz, cujos traços foram descobertos na Ucrânia, na Polônia e no Vaticano.

Acrescentemos que os corpos das princesas jamais foram encontrados; as análises de DNA feitas em 1991, 1993 e 1998 em amostras retiradas dos crânios que se diz pertencerem aos Romanov são contestadas; além disso, os descendentes acham que se trata de uma mistificação.[3]

Tudo isso significa que a execução da família Romanov foi uma encenação? Essa hipótese não exclui a possibilidade de que um massacre tenha ocorrido em Ecaterimburgo em 16 de julho de 1918, mas os Romanov — à exceção do tsar — poderiam ter sido substituídos por membros de seu séquito imediato, como o dr. Botkin. Esse cenário daria conta do grande número de contradições e fatos não elucidados que cercam a investigação sobre seu desaparecimento:

- juízes ou testemunhas subitamente mortos ou executados;
- documentos falsos, obra tanto de Vermelhos quanto de Brancos;[4]
- um fluxo suspeito de deposições convergentes sobre um assassinato que deveria ser secreto;
- quatro homens reivindicando terem sido os primeiros a atirar no tsar;
- peças inteiras do dossiê de instrução eliminadas pelo juiz Sokolov em sua obra de referência;
- falsas pistas materiais introduzidas no local em que foram encontradas vestes da família, como o cão das princesas, enterrado mais tarde;
- sem esquecer a ardente preocupação dos historiadores soviéticos em descobrir a origem da ordem para o massacre e, sobretudo, se ela existiu: se as autoridades locais tivessem agido por conta própria, a honra do regime comunista estaria salva.

Sobre o papel desempenhado pelas autoridades alemãs, tanto Brancos quanto Vermelhos permanecem silenciosos. Poderiam os Brancos admitir que a família de seu sagrado monarca fora salva pelo inimigo? O próprio Nicolau II não dissera, quando prisioneiro, que não toleraria a ajuda dos alemães? E, para os Brancos, a ideia de que os bolcheviques possam ter trabalhado pela sobrevivência de parte da família imperial é tão insustentável quanto. Em relação ao silêncio dos Vermelhos, nós o evocamos há pouco.

Desse modo, o destino dos Romanov nada tem de *fait-divers*, como tendem a acreditar os que se concentram nos locais do crime, nas sepulturas ou nas investigações judiciais. É um fato histórico, do qual uma vertente tomou a forma de encenação.

Para os Brancos, era conveniente preservar a herança material (o tesouro dos Romanov),[5] mas também simbólica de uma dinastia com mais de três séculos de idade, mesmo ao preço de maquiar a verdade e fazer acusações que tinham o leve mau cheiro do caso Dreyfus. Do lado dos comunistas, era preciso, a qualquer custo, salvar a honra revolucionária do regime.

Essa encenação também tinha sua lógica. Os Brancos montaram um processo de instrução que deveria demonstrar o assassinato da família imperial, embora alguns deles soubessem que somente Nicolau II fora executado. Os Vermelhos tinham de livrar seus dirigentes da suspeita de traição revolucionária. Como teriam reagido os russos se soubessem que os bolcheviques organizaram o assassinato de Nicolau II para salvar o resto da família alemã? Era melhor assumir o "tiranocídio" e se inscrever na herança dos revolucionários de 1793.

Desse modo, seus descendentes podem continuar a assumir um assassinato que, de fato, não cometeram; sem maiores comoções, eles executaram, além do tsar, outras vítimas no lugar das princesas alemãs. Quanto aos Brancos, eles continuarão a negar sua sobrevivência: é preciso que seus soberanos tenham sido assassinados para que, um dia, assim como Cristo, a Santa Rússia possa ressuscitar.

Notas

Introdução

1. M. Ferro. *Nicolas II*. Paris: Payot, 1990.

1. Os dados de um enigma

1. Cf. V. M. Khrustalev (Journal et lettres. In: *Recueil de documents*. Moscou, 2011, p. 252-253 — em russo).
2. J. Lasies. *La Tragédie sibérienne*. Paris: L'Édition française illustrée, 1921.

2. Os Romanov "privados de liberdade"

1. Assembleia representativa instituída após a revolução de 1905. O governo respondia ao soberano, mas não à Duma, que possuía prerrogativas limitadas.
2. Ver árvore genealógica dos Romanov na p. 153.
3. A. Virubova. *Journal secret, 1909-1917*. Paris: Payot, 1928.
4. Tive a oportunidade de ler, nos Arquivos de Moscou, o caderno no qual o policial encarregado de espionar Rasputin registrava o que via por uma fresta: quem Rasputin recebia, que brincadeiras fazia com quem, e como, com a ajuda de uma bisnaga de pão, mediu sua ereção antes de conduzir seus convidados aos banhos.
5. R. K. Massie. *Nicholas and Alexandra*. Londres: Atheneum, 1967, p. xix.
6. L. Dehn. *The Real Tsaritsa*. Londres: Butterworths, 1922, p. 165.

7. Citado em Michael Gray (*Blood Relative*. Londres: Victor Gollancz, 1998, p. 286).
8. Citado por Marina Grey (*Enquête sur le massacre des Romanov*. Paris: Perrin, 1987, p. 21).
9. Ele gostava especialmente de ler o Jornal dos debates, que assegurava que "não se tocará na dinastia Romanov".
10. Cf. P. Gilliard (*Le Tragique destin de Nicolas II et de sa famille*. Paris: Payot, 1921, reed. 2011, p. 261-269).
11. O tratado de Brest-Litovsk, de 3 de março de 1918, pôs fim à guerra entre as potências centrais (Alemanha, Áustria, Hungria e Turquia) e a Rússia dos Sovietes. Ele retirava do antigo império tsarista a Polônia, a Finlândia, a Lituânia, a Estônia e a Letônia. Do mesmo modo, impunha à Rússia o reconhecimento da independência da República Popular da Ucrânia. Por fim, a Rússia deveria pagar uma indenização de 6 milhões de marcos e renunciar a qualquer atividade de propaganda revolucionária nos impérios centrais.

3. O tsar abandonado

1. Cf. M. Ferro (*La Révolution de 1917*. Paris: Albin Michel, 1997, p. 170-204).
2. Em 1919, Cirilo Romanov subvencionou alguns grupos aos quais Hitler estava ligado. Cf. M. Kellogg (*The Russian Roots of Nazism*. Cambridge, 2004).
3. À frente dos camponeses e cossacos do Volga, revoltados contra os poderes locais e a servidão, Stenka Razin, que afirmava ser o verdadeiro soberano, lançou seus exércitos na direção de Moscou. Vencido em Simbirsk, foi enforcado em 1671, em Moscou.
4. A. I. Emeljar. L'athéisme et l'anticléricalisme des classes populaires en 1917. In: *Les Étapes du développement de l'athéisme*. 1967 (em russo).
5. São assim chamados os liberais signatários do Manifesto de Outubro de 1905 e partidários da instauração de uma monarquia constitucional.
6. Cf. A. Summers, T. Mangold (*O dossiê do czar*. Rio de Janeiro: Francisco Alves, 1978).
7. Foram organizados outros projetos, americanos e ingleses, para permitir a fuga da família imperial. Cito notadamente o túnel subterrâneo sob

NOTAS

a casa Ipatiev, como o de Tobolsk. Imaginava-se que, em seguida, eles poderiam partir para a Sibéria oriental e daí para o Japão. Sobre esses projetos, ver S. McNeal (*The Secret Plot to Save the Tsar*. Nova York: HarperCollins, 2003).

8. A. Summers, T. Mangold, op. cit., p. 278.
9. Cf. Documentos V. V. Alekseiev (*The Last Act of a Tragedy*. Ecaterimburgo: Academia Russa de Ciências, 1996, p. 84 ss).
10. Essa é a tese do embaixador Toshikazu Kase em *The Russian Revolution by a Witness* (Tóquio: Shin Chosha, 1968).
11. A impressionante lista consta dos Documentos V. V. Alekseiev (op. cit., p. 165-229).
12. Extraído do registro de deveres da guarda da casa Ipatiev, citado nos Documentos V. V. Alekseiev (op. cit., p. 113-114).
13. Ver p. 49.
14. N. Ross. *La Mort du dernier tsar*. L'Âge d'Homme, 2001, p. 138 ss.

4. Uma investigação arriscada

1. Foi Héléne Kaplan, bibliotecária da BDIC [Biblioteca de Documentação Internacional Contemporânea], quem me informou sobre a existência dessa obra em 1987.
2. Ver, nos Anexos, o texto traduzido por Marina Grey, p. 135.
3. As pesquisas de Riabov se cruzam com as do geólogo Avdénim. Cf. V. V. Alekseiev (op. cit., p. 251).
4. Esse ponto é controverso. Cf. N. Ross (op. cit., 2001).
5. Cf. Michael Gray (*Blood Relative*. Londres: Victor Gollancz, 1998).
6. Texto publicado pela primeira vez em meu *Grande Guerre* (Gallimard, 1969, p. 259-260). Ver, nos Anexos, p. 143.
7. Ver, nos Anexos, p. 133.
8. Cf. N. Ross (op. cit., 1987, testemunho 256).
9. Ver, nos Anexos, p. 135.
10. Na verdade, o texto escrito na parede era o seguinte: "Belsatzar ward in selbiger Nacht von seinen Kuechten umgebracht" — "E, na mesma noite, Belsatzar foi morto por seus escravos". A grafia original no verso de Heine

era Belsazar, aqui transformado em Belsatzar. Esse verso indicava, no mínimo, que o autor poderia ser de cultura alemã e, consequentemente, prisioneiro de guerra ou letão; ele mencionava o assassinato do tsar, e somente o dele; será que isso significa que o autor sabia que a execução tivera, ou teria, lugar? E o texto que menciona a execução prova que os executantes não tentavam se esconder? Prova que o tsar foi assassinado naquele local?

11. Em 1916, Gussevia teria atacado Rasputin com uma faca e depois seria internada como louca.
12. Os dois foram executados algum tempo mais tarde, pelos bolcheviques ou pelos Brancos.

5. Uma hipótese inconfessável e sacrílega

1. O decreto sobre a terra de 26 de outubro (8 de novembro) de 1917 aboliu a propriedade rural (sem indenização) e confiscou os grandes latifúndios, que foram entregues aos comitês locais. Mas, na realidade, os camponeses já os haviam tomado por si mesmos.
2. E. Carr. *The Bolshevik Revolution*. W. W. Norton, 1985, tomo 3, p. 16.
3. Ver p. 75.
4. No mesmo dia, em Berlim, o embaixador soviético e o ministro Kuhlmann se inquietavam com a situação.
5. Um bom resumo desses eventos pode ser encontrado em L. Fischer (Lénine. Paris: Christian Bourgois, 1966).
6. Sobre o papel de Radek, cf. o documento 133 em V. M. Khrustalev (*La Destruction de la famille impériale*. Moscou, 2001, p. 234-235 — em russo).
7. Em *Nicolas II* (Payot, 1990), evoquei essas negociações a título de hipótese, assim como a "troca" entre as princesas e Karl Liebknecht. Os documentos que atestam sua existência eram então desconhecidos. Eles são inéditos e foram reproduzidos no encarte e na seção Anexos ao fim deste livro.
8. Documentos V. V. Alekseiev (op. cit., doc. 37, p. 131).
9. A. Summers, T. Mangold (op. cit., p. 292-293), confirmados por Marina Grey (op. cit., p. 157).

10. Documentos V. V. Alekseiev (op. cit., doc. 39, p. 132), e também Documentos Khrustalev (op. cit., p. 234-235).
11. Ioffe, citado nos Documentos V. V. Alekseiev (op. cit., p. 56).

6. Mortos ou sãos e salvos?

1. Sobre a busca desse dossiê, cf. igualmente A. Jevakhoff (*Les Russes blancs*. Tallandier, 2007, p. 140-153) e N. Ross (op. cit., 2001).
2. A. Summers, T. Mangold (op. cit., p. 106-108).
3. Não exatamente todas, como se viu.
4. Goloschekin foi executado em 1941 e reabilitado em 1961.
5. A. Summers, T. Mangold (op. cit., p. 55-56) e N. Ross (*L'Assassinat de la famille impériale*. Frankfurt: Posev, 1987 — em russo).
6. N. Ross (op. cit., 1987, documento 116).
7. A. Summers, T. Mangold (op. cit., p. 85).
8. Reproduzido por A. Summers, T. Mangold (op. cit., p. 82).
9. Marina Grey (op. cit.).
10. V. Petrov, I. Lissenko, G. Egorov. *La Fuite d'Alexis*. Paris: La Martinière, 1998.
11. Segundo a vulgata, Nicolau pegou Alexei no colo "para descer as escadas" da casa Ipatiev. Depois "seu filho caminhou atrás dele". Suas crises de hemofilia eram frequentes, mas não permanentes. Assim, ele poderia ter escapado. Mas tudo isso é bastante conjectural.
12. Ver documento reproduzido na figura 11 do encarte.
13. Cf. N. Ross (op. cit., 1987, doc. 116).

7. A primeira troca leste-oeste da história

1. Lenin. *Œuvres*, tomo XXVIII, julho de 1918-março de 1919. Paris: Éditions sociales, 1961.
2. Cf. Lenin (op. cit.), na data citada.
3. Citado em L. Schapiro (*Les Bolcheviks et l'opposition*. Îles d'or, 1957, p. 114).
4. Maria Spiridonova foi condenada a um ano de prisão, anistiada e novamente presa em fevereiro de 1919, declarada insana e internada nos

alojamentos do Kremlin, antes de ser finalmente enviada a um campo de concentração na Sibéria, onde provavelmente foi fuzilada em 1941.

5. P. Renouvin. *La Crise européenne et la Première Guerre mondiale*. Paris: PUF, 1962, p. 588-589.
6. C. Seco Serano. *Vinetas Historicas*. Madri: Espasa-Calpe, 1983.
7. Trata-se de Lev Karakhan, vice-ministro das Relações Exteriores, que não era "israelita", mas armênio.
8. A. Summers, T. Mangold (op. cit., p. 286).
9. Cf. figura 13 do encarte.
10. A. de Durazzo. *Moi Alexis, arrière-petit-fils du tsar*. Paris: Fayard, 1982, p. 180 ss.

8. Anastasia e as outras

1. Parece antes que, traumatizada pelo que vivera, ela não queria mais falar essa língua. Cf. G. Botkin (Meeting Anastasia. In: *The Real Romanovs*. Londres: Fleming H. Revell Co., 1927, p. 286-287).
2. Salvo que não se sabe exatamente quem era esse Tchaikovski.
3. A. Summers, T. Mangold (op. cit., p. 223).
4. No total, 13 membros da família Romanov se recusaram a reconhecer Anna Anderson. Mas André, Xenia e a imperatriz-mãe não foram consultados. Anastasia perdeu em primeira instância e também no processo recursal realizado na Alemanha nos anos 1960. Como mostrou a jornalista do *Figaro* Dominique Auclères, que assistiu aos julgamentos, testemunhos capitais, como o do grão-duque André e o de Tatiana Botkin, não foram levados em consideração.
5. H. Rathlef-Keilmann. *Anastasie?* Paris: Payot, 1929, p. 95.
6. Ibid.
7. Ibid., p. 95-99.
8. P. Kurth. *Anastasia*. Londres: Little Brown & Co., 1983, p. 52 ss.
9. Ver o encarte.
10. Encarregado da investigação pelo rei da Dinamarca, o antigo presidente da Sociedade das Nações, Herluf Zahle, chocou-se com a hostilidade da casa de Hesse e de certos Romanov quando estava prestes a concluir que

NOTAS

Anna Anderson era de fato Anastasia. Em seguida, seus imensos dossiês foram arquivados. Cf. P. Kurth (op. cit., capítulo 6 ss.).

9. O mito e suas implicações

1. Segundo Edvard Radzinsky (*The Last Tsar*. Anchor, 1993), Chaia Goloschekin, do Soviete dos Urais, teria recebido do general comandante Berzin a ordem de executar Nicolau II; mas, para se garantir, pediu confirmação a Zinoviev, que reinava em Petrogrado e era favorável à execução. Ele não recebera concordância explícita de Moscou.
2. Cf. sua carta, p. 146.
3. Ver N. Ross (op. cit., 2001, p. 52-81).
4. Cf. p. 50 e 84.
5. Quem assegura a salvaguarda desse tesouro? Quais bancos? Os do Vaticano?

Anexos

Documentos*

Documento n. 1. A descoberta, em 1919, dos restos mortais da família imperial, segundo Pierre Gilliard, preceptor dos filhos de Nicolau II.

Após alguns meses de tentativas, a investigação realiza buscas metódicas na floresta. Cada polegada de terra é escavada, escrutinada, interrogada e, em breve, os poços das minas, o solo da clareira e a relva das cercanias revelam o segredo. Centenas de objetos e fragmentos de objetos, a maior parte pisoteada e enterrada no solo, são encontradas, identificadas e classificadas pela investigação. Encontram-se, entre outros:

A fivela do cinturão do imperador, um fragmento de seu gorro, o pequeno quadro que continha o retrato da imperatriz — a fotografia desapareceu — e que o imperador carregava consigo etc.

Os brincos favoritos da imperatriz (um está quebrado), pedaços de seu vestido, uma lente de seus óculos, reconhecíveis por seu formato especial etc.

A fivela do cinturão do tsarévitche, botões e pedaços de seu casaco etc.

Certa quantidade de pequenos objetos que pertenceram às grã--duquesas: fragmentos de seus colares e calçados; botões, ganchos, colchetes de pressão etc.

---

* Ver, nas figuras 9 a 13 do encarte, o restante dos documentos originais. [*N. do E.*]

Seis bustos de corpete em metal — "seis", número que fala por si mesmo, se lembrarmos o número de vítimas: a imperatriz, as quatro grã-duquesas e Anna Demidova, a camareira da imperatriz.

A dentadura do dr. Botkin, fragmentos de seus óculos, botões de suas vestes etc.

Por fim, ossos e fragmentos de ossos calcinados, parcialmente destruídos pelo ácido, e que por vezes portam traços de um instrumento cortante ou de um serrote; balas de revólver — as que restaram nos corpos, sem dúvida — e uma quantidade bastante grande de chumbo fundido.

Lamentável enumeração de relíquias que, infelizmente, não permite que reste nenhuma esperança e da qual a verdade se desprende em toda sua brutalidade e horror.

(Pierre Gilliard. *Treize années à la cour de Russie*. Payot, reed. 2011, p. 311-312.)

Note-se que não figura da lista o cachorro das princesas. Ora, onze meses depois, ele foi encontrado morto, mas intacto, no mesmo local. Quem o pôs lá? E com que objetivo? Por outro lado, Gilliard fala de corpos destruídos com ácido; de quem são, então, os corpos encontrados nos anos 1990?

Documento nº 2. Testemunho que teria sido ditado a um historiador em 1920 por Yurovski, comandante da casa Ipatiev, onde foi assassinado Nicolau II. O testemunho está escrito na terceira pessoa e Yurovski se refere a si mesmo pela abreviação "com." (comandante da casa de destinação especial).

16/7, um telegrama codificado de Perm ordenou o extermínio dos R. [Romanov]. [Na margem esquerda, a lápis: "Anteriormente, em maio, fora previsto julgar Nicolau, o avanço dos Brancos impediu o processo."]

No dia 17, às 18 horas, Philippe G. [Goloschekin] decidiu executar a ordem. À meia-noite, deveria chegar um caminhão para evacuar os corpos.

Às 18 horas, levamos o garoto [o ajudante de cozinha Leonid Sedniev], o que inquietou muito os R. [Romanov] e sua gente. O dr. Botkin veio perguntar por quê. Explicou-se a ele que o tio do garoto, que fora preso e depois fugira, finalmente voltara e queria ver o sobrinho. No dia seguinte, o garoto foi enviado para casa (na área de Tula, conforme se recorda o com.). O caminhão não chegou à meia-noite, mas somente à 1h30. Isso retardou a execução da ordem. Entretempos, tudo fora preparado: doze homens haviam sido selecionados (dos quais sete [corrigido com tinta para "seis"] letões), armados com Nagant e encarregados de executar a ordem. Dois dos letões se recusaram a atirar nas jovens. Quando o caminhão chegou, todo mundo dormia. Botkin foi acordado e acordou os outros. Foi explicado a eles: "Dado que a cidade não está tranquila, é indispensável transferir a família R. do primeiro andar para o térreo." Eles levaram uma meia hora para se vestir. No andar de baixo, fora escolhida uma peça com paredes de madeira revestidas de gesso (para evitar os ricochetes) da qual todos os móveis haviam sido retirados. O destacamento estava pronto no quarto vizinho. Os R. não desconfiavam de nada. O com., pessoalmente e sozinho, foi procurá-los e fazê-los descer pela escada até a peça de baixo. Nic. carregava A. [Alexei], os outros carregavam almofadas e diversos pequenos objetos. Ao entrar na peça vazia, A. F. [Alexandra Fiodorovna, a tsarina] perguntou: "O quê? Nem mesmo uma cadeira? Não temos sequer o direito de sentar?" O com. ordenou que fossem trazidas duas cadeiras. Nic. fez com que A. [Alexis] se sentasse em uma e A. F. se sentou na outra. O com. ordenou que os outros formassem uma fila; quando isso foi feito, o destacamento foi chamado. Quando eles entraram, o com. disse aos R. que, como seus parentes da Europa continuavam seu ataque contra a Rússia soviética, o Comitê Executivo dos Urais decidira fuzilá-los. Nicolau voltou as costas ao destacamento, ficando de frente para a família, e depois, como se retomasse o controle de si mesmo, voltou-se para o com. e perguntou: "O quê? O quê?" O com. repetiu brevemente o que dissera e ordenou que o destacamento se preparasse. Havia sido definido quem deveria atirar em quem e ordenado que se mirasse diretamente no coração, a fim de evitar derramamento excessivo de sangue e encerrar a questão com maior rapidez. Nicolau, que estava novamente voltado para a família, não disse mais nada; os outros fizeram algumas exclamações vagas; tudo isso durara não mais que alguns segundos. Depois começaram os tiros; isso durou 2 ou 3 minutos. Nic. foi morto de maneira limpa pelo próprio com.; em seguida, morreram rapidamente A. F. e os outros R. Doze pessoas ao todo foram executadas:

N., A., A. F., quatro filhas — Tatiana, Olga, Maria e Anastasia —, o dr. Botkin, o criado Trup, o cozinheiro Tikhomirov [trata-se na verdade do cozinheiro Kharitonov], outro cozinheiro e a Fraülein cujo nome o com. esqueceu [a camareira Demidova].

A. [Alexis], três de suas irmãs, a Fraülein e Botkin ainda estavam vivos. Era preciso acabar com eles. Isso surpreendeu o com., pois eles haviam mirado no coração. Também era surpreendente ver as balas das Nagant ricochetearem e saltarem pelo cômodo como granizo. Quando se tentou acabar com uma das jovens usando baioneta, esta não conseguiu furar o corpete. Por causa de tudo isso, o procedimento — aí compreendidas as verificações (sentir os pulsos etc.) — durou uns 20 minutos. Em seguida, começou-se a transportar os cadáveres e a carregá-los no caminhão, forrado com lona para que o sangue não o manchasse. Aí começaram os roubos: foi preciso postar três camaradas confiáveis para guardar os cadáveres durante o transporte (os corpos eram retirados um a um). Ameaçados de serem fuzilados, os ladrões devolveram tudo o que haviam pegado (relógio de ouro, porta--charuto ornado de diamantes etc.). O com. fora encarregado apenas da execução, o transporte dos cadáveres estava a cargo do camarada Ermakov (um operário da fábrica Verkhne-Issetsk, membro do partido e ex-detento). Ele deveria chegar com o caminhão; para entrar, sua senha era "limpador de chaminé". O atraso do caminhão fez com que o com. duvidasse da competência de Ermakov e decidisse supervisionar a operação até o fim. Por volta das 3 horas, pegou-se a estrada até o local que Ermakov deveria ter localizado para lá da fábrica Verkhne-Issetsk. Estava previsto seguir inicialmente de caminhão e, a partir de certo local, de carriola (já que o caminhão não podia chegar até a velha mina escolhida). Cerca de 5 verstas [1 versta = 1,067 km] depois da fábrica Verkhne-Issetsk, havia uma verdadeira "tropa" — ao menos 25 homens a cavalo, em carros etc. Eram operários (membros do Comitê Executivo etc.) que Ermakov recrutara. A primeira coisa que gritaram foi: "Mas eles já estão mortos!" Eles acreditavam que seriam encarregados de executar os Romanov. Começou-se a transferir os cadáveres do caminhão para as carriolas — era bem incômodo, teriam sido necessárias sólidas charretes. Os bolsos começaram imediatamente a ser esvaziados — foi preciso, mais uma vez, postar sentinelas e ameaçar fuzilar os ladrões. Foi lá que se descobriu que Tatiana, Olga e Anastasia usavam corpetes especiais. Decidiu-se então despir os cadáveres, não ali, mas no local onde seriam enterrados; depois se percebeu que ninguém sabia onde se encontrava o poço da mina escolhida. O dia estava nascendo. O com. enviou cavaleiros para procurar o poço, mas eles não o encontraram. Tornou-se claro que nada fora preparado, não havia pás etc. Como o caminhão estava preso entre duas árvores, continuou-se a viagem de carriola depois de os cadáveres terem sido cobertos com capas. A 16,5 verstas de Ecaterimburgo e 1,5 versta do vilarejo Koptiaki, todos pararam. Eram 6 ou 7 horas. No bosque, foi descoberto um velho poço de mina (antigamente, extraía-se ouro dali), com 3,5 archinas [cerca de 2,50 metros]. A água subia até mais ou menos 1 archina. O com. mandou despir os cadáveres e preparar uma fogueira para queimar as roupas. Cavaleiros foram dispostos ao redor para afastar qualquer passante. Quando se começou a despir uma das jovens, percebeu-se que seu corpete, furado em certos lugares pelas balas, deixava entrever diamantes. Os olhos dos assistentes começaram a brilhar. O com. decidiu dispensar imediatamente a tropa, deixando como sentinelas apenas alguns homens vigiados por cinco responsáveis. Os outros foram embora. Os restantes continuaram a despir os corpos e incinerar as vestes. Em A. F. descobriu-se um verdadeiro cinturão feito de vários colares de pérolas costurados no tecido. [*Nota na margem*: "Cada jovem portava no pescoço um saquinho que continha um retrato de Rasputin e o texto de sua oração."] Os diamantes foram contados no local e havia cerca de meia *pud* no total [em torno de 8 quilos]. Eles foram depois escondidos na despensa de uma casinha da fábrica de Alapaievsk. Em 1919, eles foram recuperados e enviados a Moscou. Tudo o que era preciso foi arrumado em sacos, o resto foi queimado e os cadáveres foram baixados até o poço com a ajuda de granadas de mão, os cadáveres foram danificados e pedaços se soltaram, foi assim que o com. explicou a descoberta, pelos Brancos (que acharam o local em seguida), do dedo arrancado etc. Mas não se tinha a intenção de deixar os R. nesse local, esse poço de mina estava previsto, desde o início, como local de enterro provisório. Com a operação terminada e sentinelas postadas, o com. — por volta das 10 ou 11 horas (já era 17 de julho) — partiu para prestar contas ao Comitê Executivo dos Urais, onde encontrou Safarov e Beloborodov. O com. contou o que havia encontrado e expressou seu pesar por não ter sido autorizado a fazer, no tempo apropriado, uma busca na casa de R. Chutzkaiev (presidente do Comitê Executivo da cidade) que lhe disse que, a 9 verstas no caminho para Moscou, existiam poços de mina muito profundos que conviriam ao enterro dos R. O com. quis ir até lá, mas não pode fazê-lo imediatamente, pois seu automóvel estava avariado. Ele terminou por chegar ao local a pé e encontrou três poços, efetivamente muito profundos e cheios de água; ele decidiu que os corpos seriam amarrados a pedras e depois lançados. Dada a presença de guardiões que poderiam ser testemunhas indesejáveis, decidiu-se que, juntamente com o caminhão carregando os cadáveres, chegaria um carro com chekistas que, sob o pretexto de fazer uma verificação, prenderiam todo mundo. O com. teve de fazer o caminho de volta em uma carruagem puxada por dois cavalos que ele encontrou por acaso e requisitou.

Os incidentes atrasando a operação continuaram. Retornando ao local a cavalo com um chekista a fim de organizar tudo, o com. caiu e se feriu (em seguida, o chekista também sofreu uma queda). Caso o projeto relacionado a esses poços se revelasse irrealizável, decidiu-se queimar os corpos ou sepultá-los em covas argilosas, cheias de água, depois de tê-los tornado irreconhecíveis com o uso de ácido sulfúrico. As charretes sem cocheiros foram guardadas na prisão. Contava-se partir por volta das 23 horas, mas o incidente com o chekista causou um atraso e só se pegou a estrada, com cordas para extrair os cadáveres etc., por volta das 0h30 do dia 17 para 18. A fim de isolar o poço (o primeiro, provisório) durante a operação, anunciou-se aos habitantes do vilarejo de Koptiaki que tchecos se escondiam nos bosques, que eles seriam procurados e que ninguém deveria deixar o vilarejo, sob nenhum pretexto. Foram dadas ordens de fuzilar imediatamente qualquer um que conseguisse chegar ao cordão de proteção. Entrementes, o dia nascera (era já o terceiro dia, 18). Teve-se a ideia de enterrar alguns dos cadáveres no local. Começaram a cavar uma cova, mas um camponês conhecido de Ermakov se aproximou a cavalo e ficou claro que ele poderia ter visto a cova.

Era preciso abandonar a ideia. Decidiu-se transportar os cadáveres até os poços profundos. Como as charretes se revelaram pouco sólidas e se desmontavam, o com. partiu para a cidade a fim de procurar veículos motorizados — um caminhão e três carros, incluindo um para os chekistas. Só foi possível se pôr a caminho às 21 horas; depois de cerca de meia versta, atravessou-se a via férrea e os corpos foram movidos para o caminhão. A rota era difícil e os buracos mais perigosos foram cobertos com tábuas, mas, apesar disso, o caminhão patinou diversas vezes. Por volta das 4h30 — dia 19 —, o caminhão atolou de vez. Não havia o que fazer senão, renunciando aos poços, enterrar os cadáveres ou queimá-los ali mesmo. Um camarada, de cujo nome o com. não se lembra, encarregou-se de queimá-los, mas desapareceu sem cumprir a promessa. A intenção era queimar A. [Alexis] e A. F. [a tsarina], mas, por engano, a Fraülein foi queimada com A. Depois seus restos foram enterrados no próprio local da fogueira e outra fogueira foi acesa para sumir com todos os vestígios de escavação. Enquanto isso, uma sepultura coletiva havia sido cavada para os outros. Por volta das 7 horas da manhã, a cova estava pronta; ela media 2,5 archinas [cerca de 1,80 metro] de profundidade e tinha 3,5 archinas quadradas [aproximadamente 2,5 metros quadrados] de superfície. Os cadáveres foram arrumados, os rostos e corpos encharcados com ácido sulfúrico a fim de que não pudessem ser reconhecidos e também para evitar o mau cheiro da putrefação (já que a cova não era muito profunda). Tendo-os recoberto com terra e madeira morta, foram colocadas tábuas sobre as quais os veículos passaram repetidas vezes, de modo que os traços de escavação desapareceram. O segredo foi bem guardado: esse lugar de enterro não foi encontrado pelos Brancos.

(Citado e traduzido por Marina Grey. *Enquête sur le massacre des Romanov*. Paris: Perrin, 1987, p. 215-218.)

Encontra-se uma crítica cruzada, muito detalhada, desse testemunho e do testemunho de Medvedev na obra de Nicolas Ross (2001). Mas essa crítica de texto, na qual cada indício é dissecado, permanece circunscrita ao quadro estrito da análise de um *fait-divers*, sem jamais levar em conta o contexto da Grande Guerra e da guerra civil russa.

Documento nº 3. *Memorando de George Clemenceau, 23 de outubro de 1918.*

O bolchevismo se tornou uma força que é preciso levar em conta. Ele é ameaçador, em função de seu Exército Vermelho, que sonha chegar ao efetivo de 1 milhão de homens e estender sobre todos os territórios, e em seguida sobre o resto da Europa, o regime dos Sovietes. Essa nova e monstruosa força do imperialismo faz pesar sobre toda a Europa um perigo ainda maior porque sobrevém no momento preciso em que o fim da guerra inevitavelmente provocará, em cada país, uma grave crise econômica e social. [...] Assim, os Aliados devem provocar a queda dos Sovietes. Não se trata de obter esse resultado levando a guerra à Rússia, mas sim realizando o cerco econômico do bolchevismo com a ocupação, pelas forçadas aliadas (desde a Romênia, Odessa etc.), das terras produtoras de trigo da Crimeia e da Ucrânia e das bacias mineiras do Donets, mal necessário para garantir o pagamento dos 26 bilhões emprestados à Rússia — dívida negada pelo bolchevismo.

Os exércitos do Oriente e os exércitos ingleses na Turquia fornecerão, dada a capitulação da Turquia, as divisões necessárias para constituir em torno do bolchevismo não somente o *cordão sanitário* que o isolará e o condenará a perecer de inanição, mas também os nódulos de força aliados em torno dos quais os elementos sãos da Rússia poderão se organizar, com vistas à renovação de seu país sob a égide da Entente.

(Fonte: Marc Ferro. *La Grande Guerre.*
Paris: Gallimard, 1969.)

Evidentemente, é a data do memorando (23 de outubro de 1918) que o torna importante. A Grande Guerra já se metamorfoseara em cruzada contra os bolcheviques.

Documento nº 4. Nos anos 1950-1960, a jornalista do Figaro *Dominique Auclères apoiou a causa de Anna Anderson. Em sua obra* Anastasia, qui êtes vous? *[Anastasia, quem é você?], ela cita dois testemunhos que, em sua opinião, não foram suficientemente levados em conta durante o processo de reconhecimento realizado em Hamburgo entre 1958 e 1961. O primeiro é de Tatiana Botkin, filha de Botkin, médico da família imperial. O segundo, do grão-duque André, tio de Anastasia.*

Testemunho de Tatiana Botkin, filha do médico dos Romanov, que reconheceu Anastasia nos anos 1920:

"Seria preciso que eu gritasse a verdade para os incrédulos ou aqueles que simplesmente não queriam admitir que uma filha do tsar tivera um filho com um soldado polonês, com um camponês. Nada deveria importar agora, senão a verdade, essa verdade inicialmente inapreensível: Anastasia estava viva. Conversamos no dia seguinte com Osten-Sacken, na sacada de minha tia Debogori, que já sabia de tudo.

— Quieta! — disse subitamente o barão. — Debaixo de nós mora um russo, e não sabemos de que lado ele está. Talvez esteja ouvindo. Ele também está na sacada.

À noite, ele nos contou, meio comovido, meio contrariado, que conversara com o russo, um jovem comissário que era nada menos que bolchevique. Como ele tentara, usando mil rodeios, saber se ele ouvira nossa conversa matinal, o comissário disse de repente:

— É claro que dá para ouvir de uma sacada para a outra, mas nós, na Rússia, sabemos que Anastasia está viva. Só que ela não nos incomoda mais. Do modo como está, ela se tornou inofensiva."

Carta do grão-duque André a Olga, irmã de Nicolau II, escrita em 1928 e publicada pela primeira vez em 1960:

"Querida Olga,

Mais uma vez, e provavelmente a última, escrevo a respeito de Anastasia Tchaikovskaia, pois acho que devo cumprir meu dever até o fim. Você certamente sabe que, por falta de meios, Gigi Leuchtenberg não podia manter A. Tchaikovskaia em sua casa por mais tempo nem, sobretudo, cuidar dela. Também, por falta de meios, não podemos, como seria conveniente, interná-la em um sanatório, e por isso foi preciso, para nosso grande pesar, aceitar a proposta de enviá-la para a América, onde sua existência e os cuidados de que necessita em função de seu estado serão assegurados. Em 30 de janeiro, portanto, A. Tchaikovskaia, em seu caminho para a América, foi levada a Paris, para onde fui eu mesmo a fim de vê-la e formar uma opinião pessoal sobre aquela que suscitou tantas amargas controvérsias, sobre a qual nasceram tantas lendas e cujo nome dá lugar a desentendimentos familiares e infindáveis discussões sobre direitos. Passei dois dias com ela. Eu a observei de perto, atentamente, e devo dizer, em toda consciência, que Anastasia Tchaikovskaia não é outra senão minha sobrinha, a grã-duquesa Anastasia Nicolaevna. Eu a reconheci imediatamente, e a observação posterior só confirmou minha primeira impressão. Nesse caso, realmente não existe para mim nenhuma dúvida: ela é Anastasia."

(Citado por Dominique Auclères, *Anastasia, qui êtes-vous?* Hachette, 1962)

Já em 1927, para prejudicar Anastasia Tchaikovskaia, o duque de Hesse, irmão da imperatriz, pediu ao detetive Martin Knopf que encontrasse uma sósia que poderia desmascará-la. Knopf encontrou uma operária polonesa, Franziska Schanzkowska. Mas o irmão desta última, malgrado a recompensa oferecida, recusou-se a reconhecer Anastasia como sua irmã. Cf. P. Kurth (op. cit., p. 165 ss).

Cronologia

Os Romanov e a investigação sobre seu assassinato	A política interna e externa da Rússia
1917	
1º e 2 de março: abdicação de Nicolau II. Prisão domiciliar em Tsarskoie Selo.	Março: negociação entre Kerenski, o homem forte do governo provisório, e o rei Jorge V, para permitir a fuga dos Romanov para a Inglaterra.
31 de julho: partida dos Romanov para Tobolsk.	
	Agosto–setembro: golpe de Kornilov contra Kerenski.
	25 de outubro–6 de novembro: revolução bolchevique.
1918	
Abril: missão Yakovlev. No dia 30, chegada da família a Ecaterimburgo.	Paz de Brest-Litovsk com a Alemanha. Intervenção dos Aliados em Murmansk.

16 de julho: execução de Nicolau II. Partida do restante da família para Perm.	6 de julho: assassinato de Mirbach, o embaixador alemão em Moscou, por um socialista revolucionário de esquerda. Julho: segunda batalha do Marne. 25 de julho: as tropas tchecas aliadas dos Brancos entram em Ecaterimburgo. 29 de agosto: acordo secreto entre os alemães e os bolcheviques.
Setembro: fuga de Anastasia.	Setembro: vitória de Cazã contra os Brancos. Chicherin, comissário das Relações Exteriores, anuncia que as filhas do tsar estão vivas.
6 de outubro: partida da imperatriz e de suas três filhas para Moscou e depois Kiev.	Outubro: o presidente do Conselho, Clemenceau, lança uma cruzada contra os Sovietes. Na Alemanha, o revolucionário Liebknecht é libertado no dia 22.
Novembro: primeiros interrogatórios.	8 de novembro: abdicação de Guilherme II. 11 de novembro: assinatura do armistício. 18 de novembro: tentativa de golpe de Estado do almirante Koltchak.
	Dezembro: na França, Stephen Pichon, ministro das Relações Exteriores, denuncia o massacre dos Romanov.

CRONOLOGIA

1919	
Janeiro: o juiz Sergueiev, encarregado do inquérito, é executado. Kirsta, chefe da contraespionagem, é dispensado do cargo.	
Abril: Sokolov assume o processo de instrução.	
Anastasia está na Alemanha.	Maio–outubro: ofensiva dos Exércitos Brancos sob o comando de Denikin e Iudenich.
	28 de junho: tratado de Versalhes.
1920	
	7 de fevereiro: Koltchak é fuzilado. Denikin cede o poder ao general Wrangel.
1º de agosto: o general Dieterichs acusa certos bolcheviques de terem mentido quando disseram que as filhas do tsar estavam vivas e a salvo.	1º de agosto: os ingleses evacuam Arkhangelsk.
1922	
Memorando "vermelho" sobre o caso (Bikov).	Chicherin confirma a sobrevivência das princesas na conferência de Gênova.
1924	
Memorando "branco" (Sokolov).	
1970	
Morte de Maria.	

1976
Os jornalistas Summers e Mangold demonstram que somente uma pequena parte do dossiê Romanov foi publicada pelo juiz Sokolov. Morte de Olga.
1984
Morte de Anastasia.
1991–1992
Anuncia-se que "os corpos do tsar e sua família" foram encontrados. A Igreja Ortodoxa não reconhece os restos mortais.
1998
Cerimônia do 80º aniversário da morte dos Romanov, contestada por parte da Igreja e pelos descendentes dos Romanov.

Genealogia

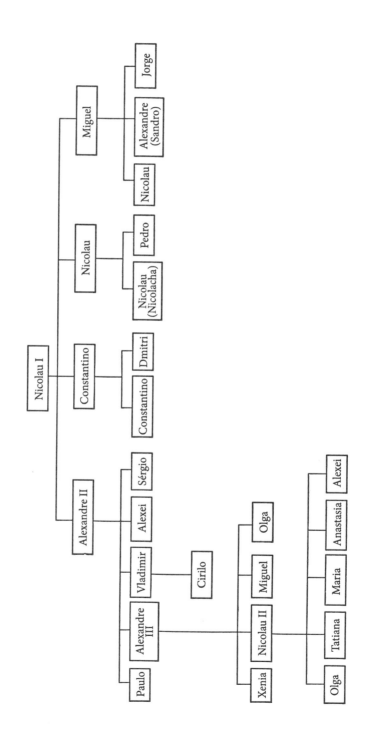

Glossário

Bolcheviques ("majoritários"): nome adotado pelos partidários da corrente leninista para designar a ala esquerda do Partido Operário Social-Democrata da Rússia (POSDR). Essa corrente obteve maioria no II Congresso do POSDR, em 1903, contra os mencheviques ("minoritários"), que rejeitavam a concepção leninista de partido centralizado. Os bolcheviques formaram um partido político independente em 1912, tomaram o poder em 1917 e nele permaneceram durante 74 anos.

Brancos: contrários ao golpe de Estado bolchevique, os assim chamados Brancos não constituem uma corrente unida, mas sim diferentes formas de oposição ao novo poder, entre as quais os generais ou almirantes fiéis à antiga dinastia dos Romanov, mas também contrarrevolucionários hostis à restauração do tsarismo e partidários da ordem militar ou de um regime do tipo fascista.

Cheka: abreviatura de "Comissão Extraordinária de Luta contra a Contrarrevolução, a Especulação e a Sabotagem". Essa polícia política, criada em 7 de dezembro de 1917 por iniciativa de Lenin e Dzerjinski, foi a precursora do KGB.

Comitê Central: órgão dirigente do Partido Bolchevique que, nos anos 1920, reunia algumas dezenas de responsáveis do Partido "eleitos" pelo Congresso.

Congresso: segundo os princípios do centralismo democrático, a linha do Partido era definida pelo Congresso, composto por delegados eleitos das federações. Era igualmente o Congresso quem elegia os membros do Comitê Central. Até o fim dos anos 1920, reunia-se anualmente.

Socialista Revolucionário (SR): partido revolucionário não marxista russo, criado pelos revolucionários "populistas" dos anos 1870-1880. Agrupava diversas tendências, dos nostálgicos do terrorismo aos mais moderados, entre os quais os líderes que participaram do governo provisório a partir de maio de 1917.

Soviete ("Conselho"): forma de organização das massas surgida na Rússia durante a revolução de 1905. No decorrer de toda a Revolução Russa, os Sovietes encarnaram a dinâmica popular que frequentemente submergia os partidos. A partir de 1917, são pouco a pouco bolchevizados, infiltrados segundo técnicas que iam da manipulação política ao golpe de força.

Bibliografia*

*ALEKSEYEV, V. V. *The Last Act of a Tragedy*. Ecaterimburgo: Russian Academy of Sciences, 1996. (Documentos com boa historiografia.)
ALEXANDROV, Victor. *La Fin des Romanov*. Paris: Alsatia, 1968.
ANWEILER, Oskar. *Les Soviets en Russie, 1905-1921*. Paris: Gallimard, 1972.
AUCLÈRES, Dominique. *Anastasia, qui êtes-vous?* Hachette, 1962.
BAYNAC, Jacques. *Les Socialistes-Révolutionnaires*. Paris: Laffont, 1979.
BOTKINE, Gleb. *The Real Romanov*. Londres: Fleming H. Revell Co., 1927.
BRUCE-LOCKHART, Robine. *Mémoires d'un agent britannique en Russie*. Paris: Payot, 1930.
BUCHANAN, sir George. *My Mission to Russia*. Londres: Cassel, 1923.
BUXHOEVEDEN, baronesa Sofia. *Left Behind. Fourteen Months in Siberia During the Revolution*. Londres: Longmans, Green and Co., 1928.
*BYKOV, P. *Poslednie dni Romanovykh* [Os últimos dias dos Romanov]. Sverdlovsk, 1926.
BYKOV, P.; NIPORSKI, N. *Rabotchaïa Revolioutsia no Ourale* [A revolução operária nos Urais]. Ecaterimburgo, 1921.
CANTACUZÈNE-SPERANSKY, princesa Julia. *Revolutionary Days*. Nova York: Scribner's Son, 1919.
CARR, Edward Hallet. *The Bolshevik Revolution*. W. W. Norton, 1985.
CARRÈRE d'ENCAUSSE, Hélène. *Nicolas II*. Fayard, 1996.

---

* As obras principais são precedidas de um asterisco.

CHARQUES, Richard. *The Twilight of Imperial Russia*. Oxford: Oxford University Press, 1958.

_____. *Chute du régime tsariste. Interrogatoire des ministres (La)*. Paris: Payot, 1927.

DEBO, Richard K. *Revolution and Survival, The Foreign Policy of Soviet Russia, 1917-1918*. Buffalo: University of Toronto Press, 1979.

DEHN, Lili. *The Real Tsaritsa*. Londres: Butterworths, 1922.

DIETERICHS, G. *Ubijstvo carskoj Semji* [O assassinato da família real]. 2 vol. Vladivostok, 1922.

DURANT-CHEYNET, Catherine. *Alexandra, la dernière tsarine*. Payot, 1998.

DURAZZO, Alexis de, príncipe d'Anjou. *Moi, Alexis, arrière-petit-fils du tsar*. Paris: Fayard, 1982.

ESSAD BEY. *Devant la Révolution. La vie et le règne de Nicolas II*. Paris: Payot, 1935.

FEDYSHYN, Oleh S. *Germany's Drive to the East and the Ukrainian Revolution*. New Brunswick: Rutgers University Press, 1971.

FERRO, Marc. *La Révolution de 1917, février-octobre*. 2 vol. Paris: Aubier--Montaigne, 1967-1976.

_____. *1917, les Hommes de la révolution. Documents et témoignages*. Paris: Omnibus, 2011.

_____. *Nicolau II*. Payot, 1990, reed. 2011.

GAYDA, R. *Moje Pameti* [Minhas memórias]. Praga: 1924.

GILLIARD, Pierre. *Treize années à la cour de Russie*. Paris: Payot, 1921, reed. 2011.

GRAY, Michael. *Blood Relative*. Londres: Victor Gollancz, 1998.

*GREY, Marina. *Enquête sur le massacre des Romanov*. Paris: Perrin, 1987.

IOFFE, Genrih Zinovevic. *Velikii Oktjabr i epilog carizma* [O Grande Outubro e o epílogo do tsarismo]. Moscou: 1987.

JEVAKHOFF, Alexandre. *Les Russes blancs*. Tallandier, 2007.

Journal de la Générale Bogdanovitch. Paris: 1928.

KERENSKY, Alexandre. *La Vérité sur le massacre des Romanov*. Paris: Payot, 1936.

KHRUSTALEV, V. M. *La Destruction de la famille impériale. Recueil de documents*. Moscou: 2001 (em russo).

KOKOVTSOV, conde Vladimir Nikolaevitch. La verité sur la tragédie d'Ekaterinbourg. In: *Revue des Deus Mondes*, 1929.

KONDRATIEVA, Tamara. *Bolcheviks et Jacobins*. Paris: Payot, 1989.

KURTH, Peter. *Anastasia. The Riddle of Anna Anderson*. Londres: Little Brown & Co., 1983.

KYRIL, Vladimirovich. *My Life in Russia's Service*. Londres: Selwyn & Blount, 1921.

LASIES, Joseph. *La Tragédie sibérienne*. Paris: L'Édition française illustrée, 1921.

LEGRAS, Jules. *Mémoires de Russie*. Paris: Payot, 1921.

*LENIN, Vladimir Ilitch. *Œuvres complètes*. Paris: Éditions Sociales, 1973.

MASSIE, Robert K. *Nicholas and Alexandra*. Atheneum, 1967.

———. *The Last Diary of Tsaritsa Alexandra*. Yale University Press, 1997.

McNEAL, Shay. *The Secret Plot to Save the Tsar*. Nova York: HarperCollins, 2003.

MELGOUNOV, S. *Sud'ba Imperatora Nikolaja II posle otrecenija* [O destino de Nicolau II após a abdicação]. Paris: 1951.

MILIUKOV, A. N. *Dnevnik-peregovory s nemcamy v 1918, Novy, Zurnal* [Diário: negociações com os alemães]. 1961.

NICOLAS II, *Archives secrètes*. Paris: Payot, 1928.

———. *Journal intime, 1914-1918*. Paris: Payot, 1934.

PALÉOLOGUE, Maurice. *La Russie des tsars pendant la Grande Guerre*. Paris: Payot, 1928.

PARES, sir Bernard. *The Fall of the Russian Monarchy*. Londres: 1961.

RADZINSKY, Edvard; SCHARTZ, Marian. *The Last Tsar. The Life and Death of Nicholas II*. Anchor, 1993.

RATHLEF-KEILMANN, Harriet von. *Anastasie? Enquête sur la survivance de la plus jeune fille du tsar Nicolas II*. Payot, 1929.

RIABOV, G.; IOFFE, G. Prinuzdeny Vac Rasstreljat [É preciso fuzilá-los]. In: *Rodina*, n. 4-5, 1989.

ROMANOV, Anastasia. *Ja, Anastasia Romanova*. Moscou: Podkrecanye, 2002.

*ROSS, Nicolas (org.). *Guibel Tsarkoï Sémi* [O assassinato da família imperial]. Francfort, Posev, 1987 (documentos).

———. *La Mort du dernier tsar*. L'Âge d'Homme, 2001.

SAVONOV, Sergej. *Les Années fatales*. Paris: Payot, 1927.
SCHAPIRO, Léonard. *Les Bolcheviques et l'opposition*. Les Nuits rouges, reed. 2007.
SECO SERRANO, Carlos. *Vinetas Historicas*. Madri: Espasa-Calpe, 1983.
SIROTKIN, Vladlen. *Anastasia, ou à qui profite le mythe sur le massacre des Romanov*. Moscou: Algoritme, 2010 (em russo).
*SOKOLOV, Nicolas. *Enquête judiciaire sur l'assassinat de la famille impériale russe*. Paris: Payot, 1924.
SPERANSKI, Valentin. *La Maison à destination spéciale*. Paris: J. Ferenczi et Fils, 1929.
*SUMMERS, Anthony; MANGOLD, Tom. *O dossiê do czar*. Rio de Janeiro: Francisco Alves, 1978.
VON BADEN, Maximilian. *Erinnerungen and Dokumente* [Memórias e documentos]. Stuttgart: Deutsche Verlags-Anstalt, 1921.
WATERS, Wallscourt, H. H. *Secret and Confidential*. 1926.
WILTON, Robert. *The Last Days of the Romanov*. Nova York: George H. Doran Co., 1920.
WITTE, Sergai. *The Memoirs of Count Witte*. Toronto: Doubleday, Page & Co., 1921.

Agradecimentos

Meus agradecimentos vão inicialmente para Géraldine Soudri, que me ajudou magnificamente a construir esta pesquisa, assim como para Séverine Nikel, que soube me obrigar a resumir suas implicações.

Uma vez mais, a BDIC, "a biblioteca mais inteligente do mundo", permitiu que eu trabalhasse em condições excepcionais, primeiro sob os auspícios de Hélène Kaplan e agora sob direção de Valérie Tesnière, com a amigável assistência de Marie-Hélène Mandrillon.

Meus agradecimentos vão necessariamente para aqueles a quem dedico este livro e que participaram de meu seminário na Escola de Altos Estudos em Ciências Sociais. Sem eles, sem seu apoio, eu jamais poderia ter escrito sobre Nicolau II: Alexis Berelowitch, Eva Bérard, Eliane Blondel, Alain Blum, Dorena Caroli, Boris Chichlo, Myriam Desert, Barbara Despinay, Catherine Durandin, Kristian Feigelson, Maria Ferreti, Véronique Garros, Tamara Kondrateva, Marie-Hélène Mandrillon, Alessandro Mongili, Claire Mouradian, Gabor Rittersporn, Antonella Salomoni.

Por fim, Dominique Missika foi uma grande companheira durante essa história e em todas as fases de meu trabalho sobre o tsar e sua família.

Marie Stravlo e Valérie Hannin me persuadiram a ressuscitar sua memória.

Índice

A

Abramov, 56
Afonso XIII, rei da Espanha, 100
Alexandra, imperatriz (nascida Alice Hesse-Darmstadt), 12, 99-100, 102, 108, 110, 114, 123
Alexandre II (1818-1881), 27, 114
Alexandre III (1845-1894), 26
Alexandrovna, Olga, 55
Alexei, tsarévitche, 25, 29, 31-32, 41, 44, 46, 52, 56, 61-62, 87, 90-91, 92, 127, 136, 140
Alexeiev, general, 25, 37, 40
Alvensleben, Hans Bodo, conde, 102
Anastasia Nicolaevna (filha de Nicolau II), 31, 44, 56, 94-96, 114, 128-29, 137, 138, 145-47
Anderson, Anna (que afirmou ser Anastasia), 54, 109-11
André Vladimirovich, grão-duque, 110, 120, 145-46

Auclères, Dominique, jornalista, 128, 145, 146

B

Bark, ministro do Abastecimento, 40
Beloborodov, Alexandre, 48, 63, 104
Benkerdorff, conde, 45
Berzin, general, 80, 82
Bethmann-Hollweg, Theobald von, 43
Bey, Essad, 66-67
Bikov, Pavel, 67, 69
Blumkin, 74
Boodts, Marga, fig.12 [encarte]
Botkin, doutor, 31, 32, 35, 56, 60, 62, 68, 87, 121, 136
Botkin, Gleb, 108-09, 120
Bublikov, 25
Buchanan, Sir Georges, 41, 43
Bukharin, 119
Bunting, 40

C

Chicherin, Georgi, 21, 23, 71, 78, 79-80, 82, 99, 101, 104-05, 118, 119, 121
Chulguin, 25, 28
Chupski, 104
Cirilo, grão-duque, 26, 40, 41, 57, 108, 114, 120
Clemenceau, George, 57, 65, 143
Cristiano IX, rei da Dinamarca, 43

D

Denikin, general, 54, 78, 98
Deverenko, Vladimir, 25, 50
Dieterichs, general, 22-23, 56, 59-60, 64, 67, 94, 119
Dogert, general, 89
Dolgoruki, príncipe, 114, 121
Domnin, P. A., 88, 90, 91
Durazzo, Alexis de, 56, 103, 104-05
Dutov, general, 68, 90
Dzerjinski, 73, 99

E

Egorov, Georgi, 92
Eichhorn, 74
Eliott, sir Charles, 86
Ermakov, Piotr, 61, 63, 68, 71, 137, 140
Ernst, Ludwig, 94, 108

F

Filatov, Oleg, 92-93
Filatov, Vassili, 92-93

G

Gaida, general, 76
Gilliard, Pierre, 32-33, 34, 133-34
Girs, V., 58
Glebov, Boris, 55
Goloschekin, 48, 63, 71, 79, 81, 84
Gray, Michael, 56, 124
Grey, Marina, 54-55, 91, 124, 125
Guchkov, 25, 28, 31, 40
Guilherme II (1859-1941), 34, 45, 57, 74, 79, 82, 102, 108, 110, 118-19
Guliaiev, 85
Gurko, general, 44

H

Hesse, Ernst de, irmão da tsarina, 94, 108
Hutten-Czapska, Alexandrine von, 99

I

Iakovlev, 81
Iliodor, monge, 66
Ioffe, Adolf, 45, 75, 79-81
Ivanov, Fiodor Ivanovich, cabeleireiro na estação de Ecaterimburgo: 85
Ivanov, P., 58

J

Janin, 65
Jogisches, 105
Jorge V, rei da Inglaterra, 41, 50, 100, 114

K

Kamkov, Boris, 72
Karakhan, Lev, 101
Kerenski, Aleksandr, 31-32, 33, 38, 41-42, 46, 72, 76
Khabalov, general, 27
Khotinski, V., 60, 67
Kirsta, Alexandre, 94
Knots, Martin, detetive, 147
Kolchak, almirante, 38
Konevcev, K., 86
Kornilov, general, 33, 38, 76
Kosarev, 48
Krivochein, 44
Kropotkin, 89
Kschessinskaia, Mathilde, 109, 120
Kucherov, 85
Kuhlmann, Richard, 79-80, 126

L

Lasies, Joseph, comandante, 23, 60, 65-66
Latsis, 73
Lehnert, Pasqualina, irmã, 114

Lenin, Vladimir Ilich, 21, 32, 41, 45, 48-49, 72-73, 74, 75-76, 79-80, 82, 97-98, 117-18
Liebknecht, Karl, 79, 105, 118
Lissenko, Igor, 92
Litvinov, 21, 22-23, 71, 118, 119
Lloyd, George, 42
Ludendorff, 57
Luís IV de Hesse, 99
Lvov, Gueorgui, príncipe, 58

M

Malinovski, capitão, 59
Malkov, 95
Mangold, Tom, 12, 54, 59, 83-84, 86, 103, 109, 113
Maria da Romênia, 14, 108, 114
Maria Nicolaevna (filha de Nicolau II), 12, 44, 104, 114, 137
Markov II, 44, 49
Medvedev, Pavel, 60, 63-64
Miguel, grão-duque, irmão de Nicolau II, 25, 41, 44, 53, 56, 69
Mikhailovich, Alexandre, primo de Nicolau II, 40
Mikhailovich, Nicolau, grão-duque, 82
Mikulovta, Zinaida Andreievna, 86
Miliukov, Pavel, 38, 41-42, 102
Mirbach, conde, 45, 73, 78-79, 81-82, 102
Mstislavski, 42, 46

N

Nagorni, K., mordomo de Nicolau II, 22, 64, 120
Nametkin, Aleksandr, 59-60
Natanson, 72
Nemtsov, 56

O

Olga (irmã de Nicolau II), 107-08, 111, 146
Olga Nicolaevna (filha de Nicolau II), 11, 12, 31, 102, 104, 114, 121, 137, 138

P

Pavlovich, Dimitri, 102
Pavlovna, 44
Pepeliaiev, 65, 94
Petrov, Vadim, 92
Pichon, Stephen, 57-58
Pio XII, papa, 114
Preston, cônsul inglês, 50, 92
Prochian, 73
Protopopov, 41
Purichkevich, 38

R

Radek, Karl, 21, 71, 78, 80, 82, 118
Rasputin, 29-30, 40-41, 44, 93, 138
Renouvin, Pierre, 99

Riabov, Gueli, 54-55, 56
Riezler, Kurt, 80
Ross, Nicolas, 54, 56, 59, 64, 84, 91, 103, 141

S

Sakovich, N., 60, 67
Savinkov, Bóris, 76, 78, 79, 89
Sergueiev, juiz, 59-60
Sigismundo da Prússia, 110
Sokolov, Nikolai, 13, 53-54, 59-60, 64, 67, 83, 84, 96, 119
Spiridonova, Maria, 72-73
Stravlo, Marie, 11
Sukart, 89
Summers, Anthony, 54
Sverdlov, Iankel, 20-21, 23, 46-49, 68, 74, 78, 80, 81, 84, 117

T

Tatiana Nicolaevna (filha de Nicolau II), 31, 85, 102, 104, 121, 137, 138, 145
Tchaikovski, Alexandre, 107, 112
Tchaikovski, primeiro sobrenome de Anna Anderson, 54, 108, 109, 111
Tchemodurov, Terenti, 91
Tougan-Baranovki, 44
Trepov, 44
Trofimov, 95
Trotski, Leon, 20-21, 23, 30, 45, 74, 76, 78, 98, 101, 117-18

U

Uritski, 74
Utkin, doutor, 95-96, 113

V

Vadim, 55
Virubova, Anna, 28, 29, 31, 44
Vitória da Inglaterra, 29, 41, 100, 114
Volkov, criado de Nicolau II, 22, 64, 119
Vorobtsov, 95
Voroshilov, 75

W

Wilton, Robert, 23, 56, 67, 119-120

X

Xenia (irmã de Nicolau II), 107-08, 110

Y

Yakovlev, Vassili, 46-49
Yurovski, Jacob, 52, 55, 60-63, 67, 71, 111
Yussupov, príncipe, 40

Z

Zahle, Herluf, 128
Zamoiski, 40
Zinoviev, Grigori, 21, 23, 71, 82, 94, 118

Este livro foi composto na tipologia Minion Pro
Regular, em corpo 11/16, e impresso em
papel off-white no Sistema Cameron da
Divisão Gráfica da Distribuidora Record.